O MORCEGO
E A LUZ

DATA : CENA TOMADA

80 ANOS
DE BATMAN NO CINEMA

TICIANO OSÓRIO

O MORCEGO E A LUZ

80 E A LUZ

ANOS DE BATMAN NO CINEMA

EDIÇÕES
BesouroBox

1ª edição / Porto Alegre-RS / 2023

SUMÁRIO

Para o vô Job (1902-1984), meu primeiro super-herói; para a Maria Regina e o Cláudio, meus pais, que me levaram ao cinema desde cedo e sempre tiveram a casa cheia de livros; e para a Bia, a Helena e a Aurora, minha Batfamília.

MINHA PRIMEIRA FANTASIA

Batman foi minha primeira fantasia. Talvez porque, paradoxalmente, parecesse tão real. Descontado o superpoder da "bilionaridade", ali estava um herói em que qualquer guri poderia se transformar, desde que treinasse muito o corpo e o cérebro. Mas, ao mesmo tempo, ninguém gostaria de se transformar no Batman. Menino nenhum deveria viver a noite que fez de Bruce Wayne um órfão, menino nenhum suportaria o trauma de ver seus pais sendo assassinados.

Sentimentos contraditórios marcam a relação do Homem-Morcego com o público. O fascínio despertado por seu visual icônico e a sua apropriação em aniversários infantis, torcidas de futebol e visitas a hospitais, entre outros ambientes associados à alegria ou ao bem-estar, não anulam o fato de que esse mesmo uniforme foi desenhado para instaurar o medo e o terror. Afinal, carrega o símbolo de um animal ligado às trevas, à raiva, à morte.

O Batman que eu conheci, porém, estava ligado às cores, ao riso, à onomatopeia – vibrava a cada sock!, cada pow! e cada crash! que explodiam na tela da TV, nas saudosas reprises dos episódios da série dos anos 1960. Aquele Batman se permitia zombar de si próprio, mas eu jamais perdoei minha mãe por ter comprado uma fantasia do Batman que não era cinza como a roupa vestida pelo ator Adam West, mas uma cruza esdrúxula do rosa com o laranja. Posava para fotos, mas visivelmente contrariado por não estar infligindo algum tipo de temor. Sentia-me ridículo.

Sem ter a consciência disso, eu experienciei na infância um dos principais problemas das adaptações cinematográficas do Batman: como transpor dos quadrinhos, onde a bidimensionalidade autoriza o distanciamento do real, para o cinema, que busca justamente simular o real? Como trazer o Morcego à luz dos estúdios e dos projetores?

As respostas, contraditórias como não poderiam deixar de ser, estão nas próximas páginas deste livro, que marca os 80 anos da primeira aparição do personagem nas salas de cinema – trajando um uniforme que também me deixaria encabulado, mesmo ou especialmente se minha mãe comprasse uma fantasia igualzinha.

INTRODUÇÃO

Nascido nos quadrinhos em 1939, Batman é um dos personagens da ficção que mais vezes foram adaptados para o cinema. A primeira delas está completando 80 anos em 2023: a cinessérie de 1943, dirigida por Lambert Hillyer e estrelada por Lewis Wilson. No total, 14 diretores imprimiram a sua visão do Homem-Morcego e 11 atores interpretaram – ou pelo menos dublaram – o Cavaleiro das Trevas. Já são 12 longas-metragens (sem contar pontas), dois seriados cinematográficos e três animações lançadas nos cinemas.

Na verdade, a relação do Batman com o cinema vem de antes mesmo da sua estreia nos gibis, na revista Detective Comics, número 27. Filmes como A Marca do Zorro (1920) e The Bat Whispers (1930) foram algumas das fontes de inspiração para o roteirista Bill Finger e o desenhista Bob Kane criarem o super-herói da DC Comics. Do Expressionismo Alemão, os primeiros artistas do personagem importaram o jogo de sombras e luzes. E o clássico O Homem que Ri (1928) influenciou sobremaneira o surgimento do arqui-inimigo, o Coringa.

Os batquadrinhos logo reforçaram essa ligação com o cinema. A origem narrada nas páginas da 33ª edição da Detective Comics, ainda em 1939, conta que, 15 anos atrás, Bruce Wayne e seus pais tinham ido assistir a um filme na noite trágica em que o menino rico virou órfão. Mais tarde, sozinho em seu quarto e à luz de velas, o guri fará o juramento que, nas palavras do crítico e escritor estadunidense Glen Weldon, transforma o turbilhão interno em cruzada pública, o garoto amedrontado em lobo obcecado: "Juro, pelos espíritos dos meus pais, vingar suas mortes, dedicando o resto da minha vida à guerra contra todos os criminosos". Nascia ali o herói firme a seus imperativos morais, mas também o sociopata amargurado com alta tendência para a violência – a dualidade é intrínseca às histórias do Batman, a começar por sua dupla identidade e por sua galeria de vilões, repleta de contrapartes de sua personalidade: muitos também passaram por uma tragédia pessoal, mas acabaram seguindo o caminho do mal; muitos também adotaram um animal como referência para sua atuação; muitos são obsessivos e extremamente inteligentes; muitos espelham no que Bruce poderia ter se tornado, como o Duas-Caras, símbolo do lado mais sombrio do Homem-Morcego, o ponto de desequilíbrio entre justiça e vingança.

Aliás, resumidamente existem duas versões de Batman fixadas no imaginário do público, e elas são antagônicas. Uma é a do Cavaleiro das Trevas, um detetive e guerreiro solitário, soturno e caladão. Outra é a do Homem-Morcego ultracolorido, espalhafatoso e cômico do seriado televisivo dos anos 1960.

Os batfilmes, por sua vez, também têm "duas caras": tanto refletiram o contexto da época em que foram produzidos quanto ditaram rumos para Hollywood (e para a própria indústria do entretenimento). Cada aparição é um evento midiático, mesmo quando o Cruzado Encapuzado sequer tem o protagonismo: vide a expectativa gerada pela aventura The Flash (2023), que tem o retorno de Michael Keaton ao uniforme do Batman.

Neste livro, faremos uma retrospectiva das representações cinematográficas do Cavaleiro das Trevas, procurando apresentar as diferentes abordagens possíveis do super-herói e mostrar como o cinema contribuiu para ampliar o fascínio despertado pelo personagem. Ou para provocar a ira dos fãs.

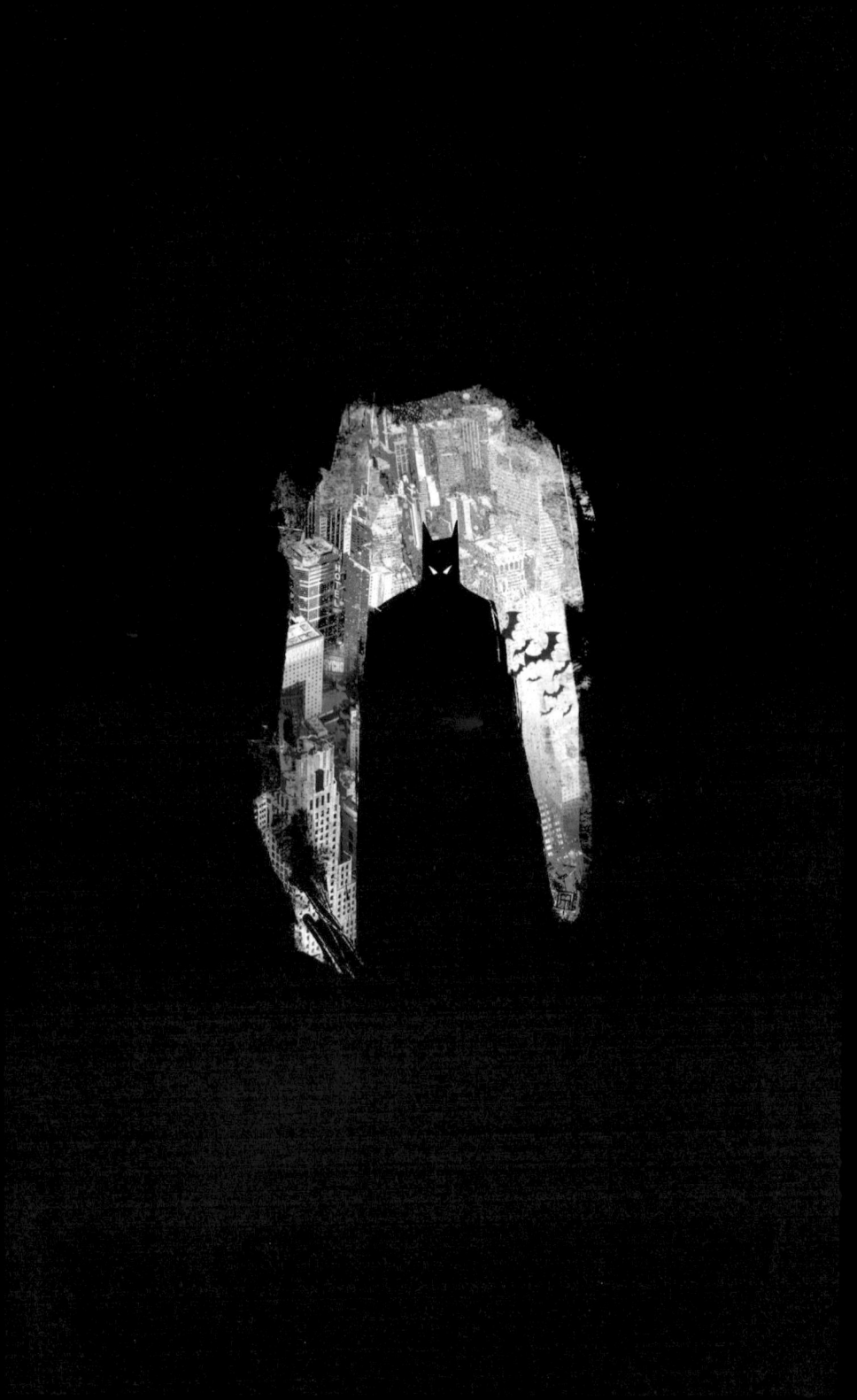

CENA 1

BATMAN (1943)
BATMAN E ROBIN
(1949)

DATA	: CENA	TOMADA

Alfred, a Batcaverna,
um vilão japonês e sérias
restrições orçamentárias.

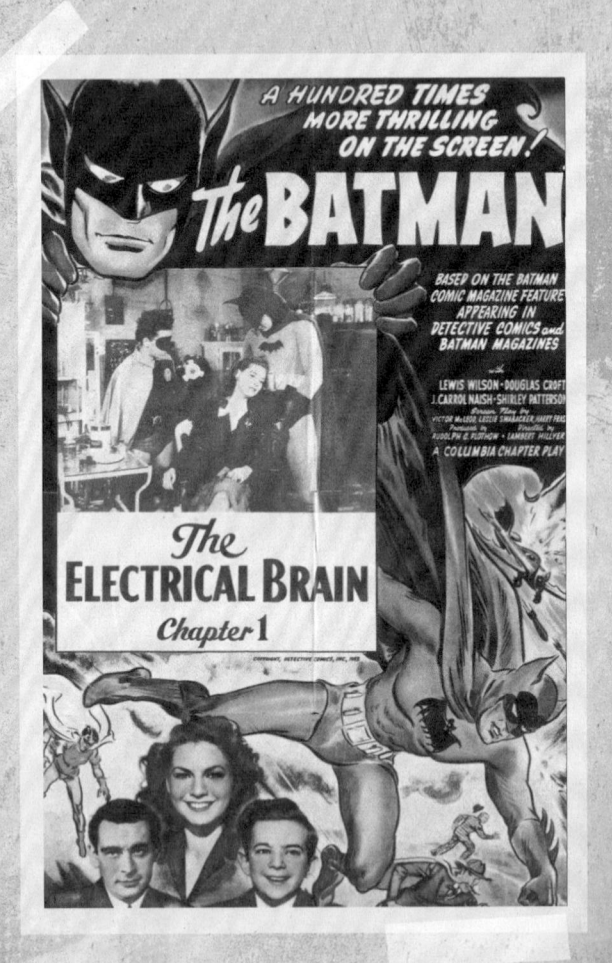

BATMAN (1943) E BATMAN E ROBIN (1949)

Batman foi um sucesso instantâneo. Criado pelo roteirista Bill Finger e pelo desenhista Bob Kane, estreou nos quadrinhos no número 27 da revista Detective Comics, com a data de maio de 1939. Na primavera de 1940, já na companhia de Robin, passou a estrelar um título próprio. E em 1941 as aventuras da Dupla Dinâmica começaram a ser publicadas em um terceiro gibi, o bimestral World's Finest Comics, dividindo espaço com o Superman. Estima-se que em 1943 essas três HQs venderam 3 milhões de exemplares.

Esses números transformaram o Homem-Morcego em fenômeno multimídia, tal como ocorrera com uma de suas grandes inspirações, O Sombra (1930), de Walter B. Gibson, que protagonizava programas de rádio, romances, quadrinhos e filmes. Em 16 de julho de 1943, Batman saltou das páginas para as telonas – a partir de outubro do mesmo ano, também passou a ser visto nas tiras de jornal.

Naqueles tempos, seriados cinematográficos, com episódios de 20 minutos em média, eram um formato popular e rentável. Personagens como o já citado O Sombra, Flash Gordon e Dick Tracy atraíam multidões para as matinês. Os 15 capítulos da cinessérie Batman foram realizados nos estúdios da Columbia Pictures, com produção de Rudolph C. Flothow e direção de Lambert Hillyer.

A trama escrita por Victor McLeod, Leslie Swabacker e Harry L. Fraser toma liberdades em relação ao conteúdo original, muito por conta do contexto: eram os anos da Segunda Guerra Mundial. Para justificar a ausência de Batman (papel de Lewis Wilson) e Robin (Douglas Croft) no front – enquanto vários outros super-heróis haviam atravessado o Atlântico para combater os nazistas –, sugeria-se que os personagens trabalhavam para o governo dos EUA. O comissário Gordon foi substituído por um tal de capitão Arnold.

O vilão também era inédito. Trata-se de um cientista japonês, Tito Daka, que queria roubar rádio para construir um desintegrador atômico que transformava cidadãos em uma espécie de zumbis. Como de costume em Hollywood durante décadas, Daka foi interpretado por um ator caucasiano, J. Carroll Naish. O Japão, que em 1941 havia bombardeado a base naval estadunidense de Pearl Harbor, no Havaí, era, de fato, inimigo na Segunda Guerra. Mas a cinessérie também reflete o preconceito em geral que havia contra os imigrantes asiáticos e seus descendentes. Vale lembrar que no ano anterior, 1942, o presidente Franklin D. Roosevelt ordenara a construção de campos de concentração para essa população.

Aos olhos de hoje, os episódios são praticamente inassistíveis – seu valor é arqueológico. Embora curtos, os capítulos transcorrem em um ritmo lento. Se Douglas Croft era velho demais para encarnar Robin, Lewis Wilson definitivamente não tinha o perfil atlético demandado por Batman. Seu uniforme só piorava o quadro: o cuecão preto era gigantesco, as orelhas pontudas mais pareciam de diabo do que de morcego e a capa atrapalhava as já pouco empolgantes cenas de ação.

Por outro lado, o seriado cinematográfico tinha uma música de abertura que realmente estabelece um tom soturno – caberia muito bem em um dos filmes noir característicos da época. E a cinessérie exerceu importante influência nos quadrinhos. O principal conceito introduzido foi o da Batcaverna e sua entrada secreta, por meio de um relógio-cuco no escritório de Bruce Wayne. Também deu força ao papel do mordomo Alfred e mudou a compleição visual do personagem: se nos gibis de antes era um homem corpulento, depois passou a ser desenhado como magro e com um bigode fino, seguindo a aparência do ator William Austin.

Em 1949, quando o formato já estava em seu crepúsculo, a Columbia voltou a produzir um seriado com 15 episódios, escrito por George H. Plympton, Joseph F. Poland e Royal K. Cole e dirigido por Spencer Gordon Bennet. Na trama estrelada por Robert Lowery (Bruce Wayne/Batman) e Johnny Duncan (Dick Grayson/Robin), o professor Hammil (William Fawcett) cria um controle remoto capaz de controlar todos os veículos da cidade. Um misterioso sujeito conhecido como Mago rouba o aparelho. Batman e Robin são designados a ajudar o comissário Gordon e a polícia de Gotham na captura do vilão, além de salvar a repórter Vicki Vale (Jane Adams) dos mais diversos perigos.

Agora, o orçamento era mais baixo ainda. Percebe-se isso, por exemplo, tanto na ausência de um Batmóvel (os personagens andam em um Mercury) quanto em detalhes do figurino, como a capuz mal ajustado do Batman ou a meia-calça cor de rosa que cobria as pernas cabeludas do Robin. "Muita gente acha pior do que a cinessérie de 1943, mas tinha um Batman mais robusto na figura do ator Robert Lowery e pelo menos dessa vez não teve propaganda racista", comentou o escritor e pesquisador Les Daniels no livro Batman: The Complete History (1999, Chronicle Books).

CENA 2

**BATMAN:
O HOMEM-MORCEGO**
(1966)

DATA	: CENA	TOMADA

Adam West, onomatopeias,
tipos bizarros e um faro
para o marketing.

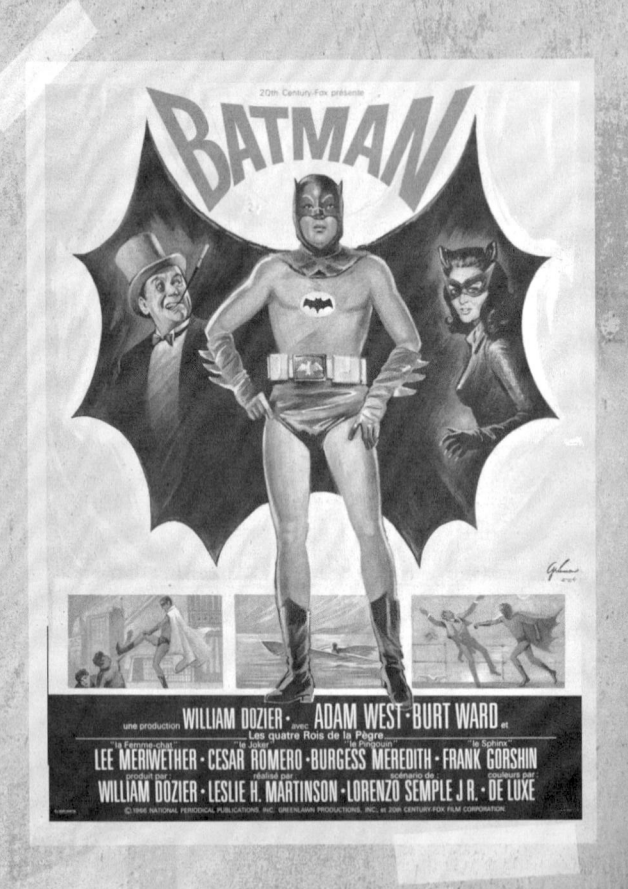

BATMAN: O HOMEM-MORCEGO (1966)

O Batman encarnado por Adam West está no centro de controvérsias e contradições. É tanto renegado quanto adorado. Certamente ajudou a popularizar o Homem-Morcego. Naqueles tempos, a Batmania poderia rivalizar com a Beatlemania e se espalhava por todos os cantos: na música, por exemplo, com as covers que bandas como The Ventures (1966), The Who (em 1966) e The Kinks (em 1967) fizeram do empolgante tema da série de TV, composto por Neal Hefti e orquestrado por Nelson Riddle; nas prateleiras das lojas, onde estavam à venda cerca de mil produtos licenciados, como bonecos articulados, quebra-cabeças, pijamas, pentes de bolso, refrigerantes e cigarrinhos de chocolate; e nas conversas que repetiam as chamadas para os próximos episódios, como "Na próxima semana, na mesma bat-hora, no mesmo batcanal", ou reproduziam os inesquecíveis, insólitos e não raro idiotas bordões proferidos por Robin, o personagem interpretado por Burt Ward, como "Santa Esquizofrenia!", "Santa Falta de Lógica!", "Santo Purê de Batatas!", "Santo Inatingível Processo de Memória Fotográfica!", "Santa Valiosa Coleção de Fitas Etruscas!" e "Santo Holocausto!".

Mas o Batman de Adam West também provocou o repúdio de muitos fãs, que não enxergavam nas telas o personagem que conheciam dos quadrinhos, tradicionalmente associado ao sombrio e ao sinistro, e não ao cômico e ao ridículo – muito menos aos passos do Batusi, uma variação de uma dança popular nas festas dos anos 1960, o Watusi. O irônico é que a adaptação era, na verdade, extremamente fiel à arquitetura narrativa dos gibis, pelo menos os de então. Desde a aposta na ação, a reprodução das expressões faciais descomedidas, a explosão de cores e a inserção de onomatopeias (SOCK! POW! CRASH! KER-SPLOOSH!) até a visão maniqueísta, que opunha um herói de virtude incólume, um exemplo de retidão moral, a vilões hiperbólicos, gananciosos e covardes. Mais irônico ainda é que, embora tenha passado para a história como uma paródia, uma sátira, uma obra que não levava Batman a sério, o produtor William Dozier e o roteirista Lorenzo Semple Jr. dizem que fizeram justamente o contrário: pegaram uma coisa frívola, as HQs de super-herói, e a trataram como um drama imponente. Mas claro que eles tinham consciência das consequências.

– Eu tive a ideia de fazer tão retinho, tão sério e tão cheio de clichês até que ficasse estorricado, mas ainda com certa elegância e estilo. Ia ser piegas e tão ruim que ia ser engraçado – disse Dozier, segundo consta no livro A Cruzada Mascarada: Batman e o Nascimento da Cultura Nerd, de Glen Weldon, publicado no Brasil em 2017 pela editora Pixel, com tradução de Érico Assis.

Dirigido por Leslie H. Martinson, Batman: O Homem-Morcego foi um longa-metragem lançado nos cinemas no verão estadunidense de 1966, entre a primeira e a segunda temporada da série de TV. Na trama, Batman e Robin enfrentam um plano diabólico arquitetado por um quarteto de arqui-inimigos: Coringa (Cesar Romero), Pinguim (Burgess Meredith), Charada (Frank Gorshin) e Mulher-Gato (Lee Meriwether). Na comparação com o seriado, a principal diferença – ou talvez a única – foi a adição de novos veículos. Além do emblemático e cobiçado Batmóvel, a Dupla Dinâmica tem à disposição uma Batmoto, um Batcóptero e até uma Bat-Lancha.

Por falar no Batmóvel, o sumiço do lendário carro em um leilão beneficente é o ponto de partida para a aventura metalinguística De Volta à Batcaverna, lançada em 2003 por Paul A. Kaufman. Nela, Adam West, então com 75 anos, e Burt Ward, 58, interpretam a si mesmos. Ao mesmo tempo em que tentam descobrir o autor do roubo, eles relembram os tempos de glória na TV – curtos, mas perenes.

Embora a audiência da série tenha despencado na segunda temporada, pois os pais já haviam se cansado da repetição de uma fórmula que, por outro lado, funcionava junto ao público infantil, houve uma terceira, exibida entre 1967 e 1968. No total, em menos de dois anos foram produzidos 120 episódios (sendo 36 assinados por Oscar Rudolph) que seguiram sendo assistidos durante décadas nas reprises, ainda que às escondidas dos leitores mais radicais na defesa da sua concepção do personagem.

Mas se o Batman de Adam West – "tão atlético e acrobático quanto uma vaca gorda, e longe de ser sagrada", escreveu um fã em um fanzine – não refletia a imagem cristalizada do super-herói, o seriado e o filme tinham muita sintonia com a sua época.

Eram os anos de ascensão do movimento Pop Art, em que artistas como Andy Warhol e Roy Lichtenstein fetichizavam as revistas em quadrinhos, celebravam ícones da cultura popular e abraçavam as cores e o exagero – uma estética em que a série surfou muito. Eram os anos da chamada Swinging London, a efervescência cultural e comportamental de Londres – a moda britânica influenciou figurinos como o da Batgirl e foi homenageada em um episódio em três partes conhecido como Londinum (1967).

Eram os anos em que a psicodelia estava em alta na Califórnia, onde ficavam os estúdios da Fox, produtora da série – a diferença é que, ao entrar num inferninho, Batman pedia um copo de leite (aliás, o tempo todo o herói estimulava o bom comportamento das crianças e dos adolescentes, defendendo a importância de usar o cinto de segurança, fazer o tema de casa e comer vegetais).

E dois anos antes da estreia a escritora e filósofa Susan Sontag havia sintetizado em um artigo na Partisan Review, batizado de Notas Sobre o Camp, o conceito que norteava Dozier e Semple Jr: Batman, a série, se permitia ser muito artificial, cafona e irônica para com o que era dominante. Ou seja, podia tirar sarro da hipermasculinidade intrínseca ao mundo dos super-heróis. E, assim, reforçar a interpretação de que Batman é gay. Como escreveu Glen Weldon em A Cruzada Mascarada, o Cavaleiro das Trevas "é um personagem que vem de fábrica já pré-instalado com ideias nas quais homens gays historicamente encontram afinidades: a ameaça constante de expor seu eu secreto". E a relação bastante dada a ambiguidades com o Robin – a quem, na série de TV, o Homem-Morcego aconselha a ficar afastado das mulheres, que "fariam mal" a ele – vem de berço: um erro de revisão na estreia do Menino-Prodígio, em 1940, omitiu o espaço entre as palavras "an" e "ally" numa frase, que acaba nos informando que Batman "takes under his protecting mantle anally". Em português: "toma analmente sob seu manto protetor".

CENA 3

BATMAN (1989)
BATMAN: O RETORNO (1992)

DATA	: CENA	TOMADA

Tim Burton, Michael Keaton e a ressurreição do herói.

Batman (1989)

Demorou mais de 30 anos para que o Homem-Morcego voltasse a viver uma aventura cinematográfica. A ressurreição nas telas marcou o 50º aniversário do personagem, que naquela época vivia uma fase elogiadíssima nos quadrinhos, graças a obras como O Cavaleiro das Trevas (1986), de Frank Miller, Ano Um (1987), de Miller com David Mazzucchelli, A Piada Mortal (1988), de Alan Moore e Brian Bolland, Asilo Arkham (1989), de Grant Morrison e Dave McKean, e Gotham City 1889 (1989), de Brian Augustyn, Mike Mignola e P. Craig Russell.

Mas as primeiras notícias sobre o filme Batman (1989) causaram apreensão nos fãs. Mais uma vez, a exemplo do que sentiam em relação à série de TV da década de 1960, eles acusavam uma dessintonia entre o Batman que enxergavam e o Batman que veriam. Afinal, embora o diretor Tim Burton já tivesse demonstrado um gosto pelo macabro em curtas como Vincent (1982) e Frankenweenie (1984) e no longa Os Fantasmas se Divertem (1988), seu nome estava associado a comédias, e não às tramas sérias e violentas desses gibis.

Os roteiristas Sam Hamm e Warren Skaaren, por sua vez, tinham pouca ou nenhuma experiência com filmes de ação – e muito menos com super-heróis. Pior foi a escolha do ator para vestir o uniforme: Michael Keaton, igualmente mais ligado a papéis cômicos e definitivamente sem o physique du rôle.

Mas a Warner apostou alto – o orçamento pulou de US$ 30 milhões para US$ 48 milhões – e riu por último: com os US$ 411,5 milhões arrecadados, Batman tornou-se a segunda maior bilheteria mundial da temporada, atrás apenas de Indiana Jones e a Última Cruzada (US$ 474,1 milhões) e à frente de De Volta para o Futuro II (US$ 331,9 milhões). O sucesso nos cinemas, como acontecera com o seriado sessentista, veio acompanhado de um sem-número de produtos licenciados. O logotipo do filme, baseado no emblema que o personagem usou nos quadrinhos de 1966 a 2000, estampou camisetas, skates, toalhas de praia, caixas de cereais etc. A lista de brinquedos incluiu miniaturas do Batmóvel e do Batwing, o estilizado avião do herói. Vendeu-se mais de US$ 1,5 bilhão na segunda Batmania, que também era embalada por uma música: Batdance, deliciosa e diversificada canção de Prince que alcançou o número 1 nas paradas radiofônicas dos Estados Unidos. O astro pop produziu um disco inteiro, que liderou a lista da revista Billboard por seis semanas consecutivas. Mas a trilha sonora oficial – e que também é bem marcante – foi a composta por Danny Elfman, com quem Tim Burton estabeleceu uma longa parceria.

Mais de 30 anos depois, Batman é um filme que envelheceu mal. Sua melhor ideia continua potente, sendo em parte importada de A Piada Mortal, em parte uma invenção duramente criticada pelos leitores dos quadrinhos. O próprio Homem-Morcego ajuda a criar um monstro na cidade, o Coringa de Jack Nicholson – que é insano, divertido e cheio de frases de efeito ("Esta cidade precisa de um enema!"), mas é carta de baralho infantil perto do oscarizado Coringa de Heath Ledger em O Cavaleiro das

Trevas (2008) e da encarnação de Joaquin Phoenix em Coringa (2019), também ganhador do Oscar. E foi o Coringa, quando ainda era um gângster chamado Jack Napier, que assassinou os pais de Bruce Wayne. De uma tacada só, essa ideia ilustra como a violência é cíclica e como Batman e Coringa estão para sempre interligados, serão eternos espelhos um do outro (a ordem e o caos).

"Simbolicamente", escreveu o saudoso crítico e psiquiatra Luiz César Cozzatti na ZH de 1º/11/1989, "Batman e Coringa representam faces de uma mesma moeda, nascem um do outro. Assim, esta aventura fascinante, de imaginação delirante, que incorpora e soma informações da arte de todos os tempos, transforma-se numa parábola da dualidade humana. Numa leitura freudiana, Batman seria o superego, e o Coringa, o id, a instância primitiva, a perversidade infantil". Cozzatti enxergara atrativos desde os créditos de abertura, "apresentados contra as sombrias imagens de um labirinto, que se verá depois ser a marca do personagem, sugerindo tratar-se de uma aventura interior, vivenciada nas trevas do inconsciente".

Já para Roger Ebert (1942-2013), um dos mais famosos críticos dos Estados Unidos, Batman foi "um triunfo do design sobre a trama, do estilo sobre a substância". Premiada com o Oscar, a direção de arte assinada por Anton Furst e Peter Young recriou nos gigantescos estúdios Pinewood, em Londres, a primeira personagem do filme – a própria Gotham City, assim descrita no roteiro: "Ângulos rígidos, sombras rastejantes, densa, lotada, sem ar, um emaranhado aleatório de aço e concreto, como se o Inferno tivesse irrompido pela calçada e continuasse crescendo". Os designers juntaram à receita o gótico tardio da inacabada Sagrada Família de Gaudí, em Barcelona, o expressionismo dos cenários de Metrópolis (1927), a arquitetura da Alemanha nazista, o futurismo do japonês Shin Takamatsu, os arranha-céus de Chicago, as escadarias de Um Corpo que Cai (1958), a fumaça incessante de Blade Runner (1982)...

"Eu não acredito em cinema verité (o cinema verdade). Você deve criar sua própria verdade", justificou Furst em citação publicada no livro Batman: The Complete History (1999), do jornalista e escritor estadunidense Les Daniels. Daí também que o Batmóvel é menos um carro do que uma criatura, um veículo anatomicamente exagerado. Daí também que o uniforme do Batman não siga o padrão dos quadrinhos: é todo preto, à exceção da elipse amarela com o símbolo do morcego em seu peito, aludindo ao tom de O Médico e o Monstro (1886) pretendido por Tim Burton, interessado em "retratar o lado dark" do personagem.

À luz dos filmes mais recentes, contudo, Batman é raso psicologicamente, e a degradação de Gotham é tão edulcorada, que remete a um conto de fadas.

Por sua vez, as cenas de ação, com enquadramentos confusos, montagem atrapalhada e uma pífia perseguição automobilística, deixam muito a desejar mesmo para época: já havíamos visto, por exemplo, a trilogia Mad Max (1979-1985), Aliens: O Resgate (1986), Máquina Mortífera (1987) e Duro de Matar (1988) – aliás, Bruce Willis certamente teria sido um Batman menos insosso do que o de Michael Keaton. Mas iria sofrer igualmente com o traje duro de dobrar, que limitava drasticamente os movimentos do Homem-Morcego.

"Até hoje, um quadril não está direito por causa da cena em que chuto aquele cara no telhado. Foi muito difícil colocar meu pé tão alto. Era como se 50 mil elásticos te prendessem", descreveu o ator no livro de Les Daniels.

No campo dos coadjuvantes, a fotógrafa Vicki Vale, vivida por Kim Basinger, tenta atrair o foco para o trauma de infância de Bruce Wayne, mas seu papel é opaco demais. O repórter interpretado por

Robert Wuhl foi imbuído de disparar uma piada a cada frase: nenhuma acerta o alvo.

Mas Batman, como os números mostraram, acertou o alvo. E mais do que isso: mirou o futuro.

Não foi a primeira franquia de Hollywood (antes houve, só para citar dois exemplos de peso, Star Wars e Indiana Jones), mas, segundo artigo do jornalista Scott Mendelsson publicado na Forbes em 2014, "Batman foi o modelo para o sucesso de bilheteria moderno". Foi baseado em um conteúdo preexistente, como depois vimos acontecer com Missão: Impossível, Jurassic Park, Piratas do Caribe, Transformers e o próprio Universo Cinematográfico Marvel, foi precedido por uma campanha de marketing de saturação massiva (a exemplo do trabalho feito com Barbie) e ganhou tanto dinheiro, que a sua qualidade se tornou quase irrelevante (vide Velozes e Furiosos). Ao mesmo tempo, embora também não fosse novidade, a indignação dos fãs diante da escalação de Michael Keaton antecipou a fúria online que assola a cultura pop. Como que reafirmando a ideia de violência cíclica, uma das vítimas mais recentes desses ataques foi justamente o mais novo Batman, Robert Pattinson.

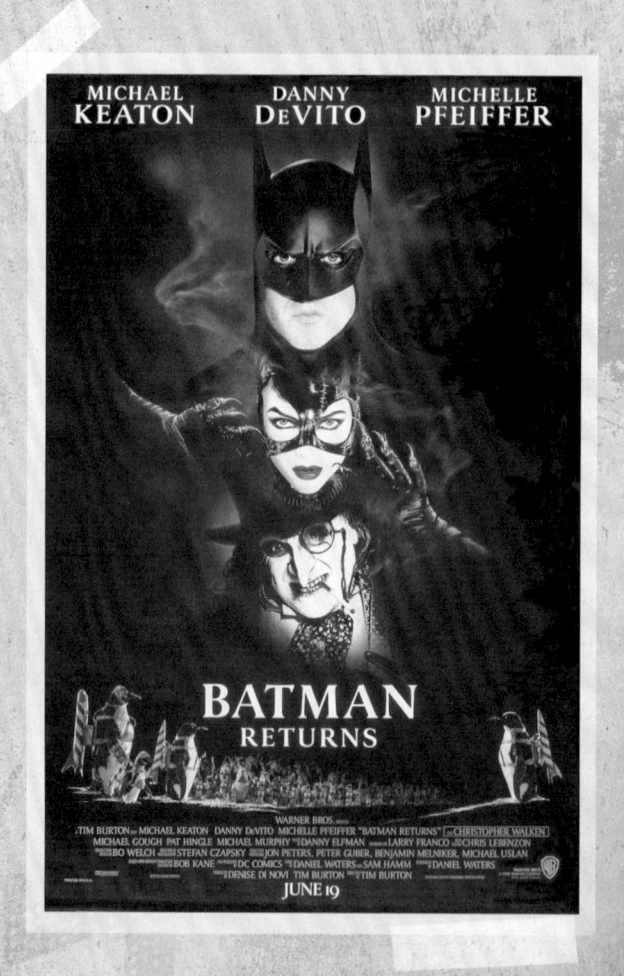

Batman: O Retorno (1992)

O sucesso comercial de Batman (1989) – à época, uma das 10 maiores bilheterias de todos os tempos – garantiu uma sequência, mas havia um problema sério a contornar: Tim Burton não queria voltar a Gotham City. O diretor sentiu efeitos físicos e emocionais por lidar com uma superprodução e com a interferência dos executivos da Warner. Para convencê-lo a fazer Batman: O Retorno (1992), o estúdio deu uma espécie de carta branca.

Burton aproveitou. Fez o filme do Batman que ele queria fazer desde o início.

É, portanto, menos um retorno do que um recomeço.

Não à toa, o cineasta trocou praticamente toda a equipe técnica, incluindo os oscarizados Anton Furst e Peter Young, da direção de arte. Manteve apenas um dos figurinistas, Bob Ringwood, e o compositor da trilha sonora, Danny Elfman. Contratou o roteirista Daniel Waters (do policial Atração Mortal, de 1988) para retrabalhar o script de Sam Hamm (o mesmo do Batman de 1989), o que significou limar a personagem Vicki Vale (Kim Basinger), par romântico do Bruce Wayne de Michael Keaton, e a subtrama que traria mais detalhes sobre Jack Napier/Coringa. Burton também chamou o diretor de fotografia, Stefan Czapsky, cenógrafos e decoradores de seu longa-metragem anterior, Edward Mãos de Tesoura (1990), de modo a fazer uma fantasia gótica (aliás, ele convidou a banda Siouxsie and the Banshees para compor com Elfman a principal canção, Face to Face) e grotesca, com uma estética que aproximava o herói de uma de suas influências: o Expressionismo Alemão.

Batman: O Retorno é praticamente um filme em preto e branco, como os títulos daquele movimento artístico. Um clássico da época, Metrópolis (1927), de Fritz Lang, inspirou não só a cenografia, mas a própria história, como descreveu o jornalista Adilson Laranjeira na ZH de 15 de novembro de 1992: "Em ambos os filmes, há dois ambientes fundamentais na estrutura dos fatos contados: uma parte deles se passa na cidade, e a outra, no subsolo. Em Metrópolis, vive na superfície a classe dirigente de uma enorme cidade do futuro, enquanto no subsolo está a massa trabalhadora e escrava que sustenta aqueles que vivem literalmente em cima dela. Em Batman: O Retorno, há na superfície o confronto dos personagens e, abaixo dela, os esgotos onde vive o Pinguim (Danny DeVito), principal adversário do Homem-Morcego, e onde se dá a luta final entre os dois lados".

O Pinguim é um parente de Edward Mãos de Tesoura: uma criatura deformada e renegada, cuja caracterização rendeu uma indicação ao Oscar de melhor maquiagem. O segundo vilão foi criado especialmente para o filme: Max Schreck (Christopher Walken, se esbaldando no papel), um empresário ganancioso e inescrupuloso cujo nome homenageia o ator que interpretara o vampiro em Nosferatu (1922), de F.W. Murnau, outra obra essencial do Expressionismo Alemão. E é uma ação de Schreck que faz sua secretária, a reprimida Selina Kyle, se transformar na voluptuosa Mulher-Gato.

Com um traje de látex colado no corpo e um chicotinho na mão, Michelle Pfeiffer também se esbaldou no papel – é antológica, por exemplo, a cena em que se dá um banho de língua na cama do Pinguim. Mas a sexualização da personagem gerou críticas de pais, atrapalhando o merchandising de Batman: O Retorno junto ao McDonald's (a rede de lanchonetes acabou cedendo à pressão e cancelou a linha de produtos e brinquedos).

Apesar de Batman: O Retorno se tornar a sexta maior bilheteria mundial de 1992, com US$ 266,8 milhões, e de receber bastante elogios da crítica, a combinação de tom lúgubre, personagens perturbados e fetichização sexual revelou-se um veneno mortal, por tirar da equação o público infantil. O antídoto seria trazer de volta à tona a faceta lúdica do Cavaleiro das Trevas. Era o fim da curta era Burton-Keaton.

CENA 4

**BATMAN:
A MÁSCARA DO FANTASMA**
(1993)

DATA	: CENA	TOMADA

Uma animação sombria.

Batman: A Máscara do Fantasma (1993)

As animações lançadas no início da década de 1990 são uma espécie de amálgama das várias faces de Batman. Ali se encontram o tom sombrio e os personagens cartunescos, as narrativas detetivescas e as cenas de ação, o olhar para as crianças e a atenção para o público adulto.

Batman: A Série Animada (1992-1995) foi criada por Eric Radomski e Bruce Timm. O primeiro era o cenógrafo: sua Gotham City misturava arquitetura art déco e cinema noir. Os figurinos e os carros também remetiam aos anos de 1940, mas conviviam com computadores e outras tecnologias. O segundo era o diretor de elenco: inspirado nos desenhos animados do Superman produzidos pelos Estúdios Fleischer entre 1941 e 1942, Timm deu vida a personagens de linhas simples e leves, que contrastavam perfeitamente com os fundos geométricos e soturnos providenciados por Radomski.

"Uma das coisas que aprendi ao longo dos anos trabalhando com animação é que, toda vez que estávamos fazendo desenhos animados de aventura, sempre havia o desejo de fazer os desenhos parecerem mais com histórias em quadrinhos, e isso realmente funciona contra o que a animação faz de melhor", afirma Timm no livro Batman: The Complete Story (1999), de Les Daniels. "Quanto mais linhas você tiver em um personagem, mais difícil será desenhar repetidamente. Eu sabia que a simplicidade seria melhor."

A combinação de simplicidade e sombras também pautava as tramas escritas por roteiristas como Paul Dini e dirigidas principalmente por Kevin Altieri e Boyd Kirkland. Os episódios de 20 e tantos minutos traziam histórias fechadas (no máximo, divididas em duas partes), sem uma linearidade que cobra assiduidade e memória do espectador. Cada aventura, nas palavras do crítico Glen Weldon no livro A Cruzada Mascarada (2017), "encerrava com uma inversão do status quo: o caso resolvido, o desastre prevenido, a justiça cumprida". A ação, a narrativa visual, tinha prioridade sobre os diálogos, mas Batman: A Série Animada não prescindia da caracterização psicológica dos personagens.

Entram aí o cuidado com a galeria de vilões e o trabalho de dublagem comandado por Andrea Romano. No site rogerebert.com, a crítica Jessica Ritchey descreveu assim o romance intermitente de Bruce Wayne/Batman e Selina Kyle/Mulher-Gato: "Há um frisson na incapacidade de os dois ficarem juntos, devido à recusa dele em desviar o olhar das atividades criminosas dela. As falas de Adrienne Barbeau exalam desejo, enquanto Kevin Conroy, nas cenas com ela, transforma a rudeza intimidante da sua voz de Batman em algo mais humano, mais capaz de ser ferido pela única pessoa que ele quer, mas não pode ter".

Vários vilões da animação tornaram-se notáveis. Famoso na pele de um dos principais heróis da saga Star Wars – Luke Skywalker –, Mark Hamill brilhou como Coringa, encarnando a volatilidade do arqui-inimigo: em um instante, um palhaço bufão, no outro, uma força malévola da natureza. E foi em

Batman: A Série Animada que estreou a Arlequina, a dublê de ajudante maluquete do Palhaço do Crime e vítima de um namoro tóxico que logo ganhou popularidade e com o passar do tempo adquiriu o status de anti-heroína.

Dos 85 episódios, muitos se tornaram antológicos. Um dos mais elogiados é Coração de Gelo, que introduz uma nova versão do vilão Sr. Frio, originalmente criado para os quadrinhos em 1959. Em vez de ser um mero criminoso com habilidades congelantes, agora ele é um homem desesperado em salvar sua esposa, a qual ele congelou para impedir que uma doença incurável a matasse – e que passa a cometer uma série de roubos por Gotham a fim de criar uma máquina que possa salvá-la. Já Cuidado com o Fantasma Cinzento apresenta um genial lance metatextual: Adam West, o Batman do seriado da década de 1960, dublou Simon Trent, ex-astro da série de TV que o menino Bruce Wayne idolatrava, a do Fantasma Cinzento – personagem que alude a O Sombra, uma das grandes influências para Bob Kane e Bill Finger desenvolverem o Homem-Morcego.

O sucesso da primeira temporada da série – premiada com o Emmy pelo episódio O Ajuste de Contas do Robin: Parte I – motivou a Warner a produzir um longa-metragem que chegou a ser lançado nos cinemas. Batman: A Máscara do Fantasma (1993) tem uma pegada mais adulta e sombria, evidenciada nos créditos de abertura que sobrevoam uma Gotham City em preto e vermelho e são embalados pela trágica trilha sonora composta por Shirley Walker, que incluiu um coro em "latim" – na verdade, são os nomes dos integrantes da orquestra lidos de trás para frente, uma forma divertida de dar crédito aos músicos. Uma curiosidade: Hans Zimmer, que entre 2005 e 2012 trabalharia na bat-trilogia de Christopher Nolan, é quem toca o sintetizador.

Bastante inspirado pela história em quadrinhos Batman: Ano Dois (1987), escrita por Mike W. Barr e desenhada por artistas como Alan Davis e Todd McFarlane, A Máscara do Fantasma (1993) foi dirigido por Eric Radomski e Bruce Timm a partir de um roteiro de Alan Burnett, Paul Dini, Martin Pasko e Michael Reaves. Outra influência foi o clássico Cidadão Kane (1941), de Orson Welles: a trama vai e volta no tempo, mostrando como acontecimentos do passado moldaram o Bruce Wayne do presente.

Um desses acontecimentos foi o namoro com Andrea Beaumont (dublada por Dana Delany), personagem criada para o filme e com ares da atriz Lauren Bacall (1924-2014), uma das musas do cinema noir. Pouco a pouco, vamos descobrir o que deu errado no relacionamento, ao mesmo passo em que, nos tempos atuais, Batman precisa lidar a suspeita de que está assassinando os principais mafiosos de Gotham – o verdadeiro criminoso é o Fantasma, um novo vilão na cidade.

No espelhamento dessas duas tramas, A Máscara do Fantasma vai tanto mostrando a podridão e a corrupção de Gotham quanto ressaltando o peso da desilusão e da solidão na personalidade de Batman. Aliás, como é parte constituinte do Homem-Morcego, o Coringa também dá as caras. Ele protagoniza com o herói um duelo dentro de uma versão em miniatura de Gotham. Foi uma homenagem aos quadrinhos da era Dick Sprang (nas décadas de 1940 e 1950), artista que costumeiramente apresentava Batman lutando em meio a adereços gigantescos.

CENA 5

BATMAN ETERNAMENTE (1995)
BATMAN & ROBIN (1997)

DATA : CENA   TOMADA

Joel Schumacher, Val Kilmer,
George Clooney, comic books,
controvérsias e constrangimentos.

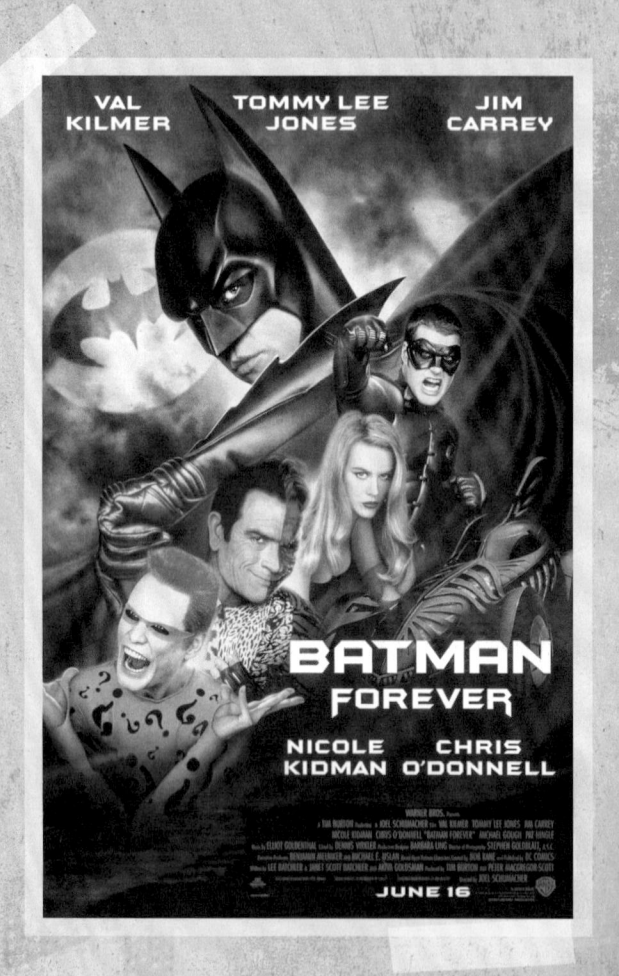

BATMAN ETERNAMENTE (1995)

Há uma ironia involuntária no título de Batman Eternamente (1995): tudo o que o filme mostrou foi que nada é para sempre.

O diretor não era mais Tim Burton, mas Joel Schumacher, até então realizador conhecido pelos populares Garotos Perdidos (1987), Linha Mortal (1990) e Um Dia de Fúria (1993).

O Homem-Morcego não era mais encarnado por Michael Keaton, mas por Val Kilmer, o Iceman de Top Gun: Ases Indomáveis (1986) e o Jim Morrison de The Doors (1991) – mas nem ele seria para sempre: contrariando qualquer manual do sucesso em Hollywood, o ator desistiu de vestir por uma segunda vez o uniforme, assumido por George Clooney em Batman & Robin (1997). Kilmer reclamou tanto do traje em si, que engessava seu rosto, trancava seus movimentos e limitava sua audição, quanto da liberdade que Jim Carrey e Tommy Lee Jones tiveram para desenvolver os vilões Charada e Duas-Caras em Batman Eternamente.

Batman não estava mais sozinho – gostem ou não os fãs, introduzir Robin nas adaptações cinematográficas foi um passo fidedigno às histórias em quadrinhos, onde o Menino Prodígio estreou menos de um ano após o Homem-Morcego. Coube a Chris O'Donnell, o coadjuvante de Al Pacino em Perfume de Mulher (1992) e o D'Artagnan de Os Três Mosqueteiros (1993), interpretar o trapezista órfão Dick Grayson.

O tom do filme também não era mais o mesmo. Batman: O Retorno (1992) havia sido considerado esquisito e funesto demais, a ponto de o McDonald's ter jogado fora seus McLanches Felizes quando grupos de pais reclamaram da associação com um conteúdo sexualizado e violento. Então, seguindo as ordens da Warner, Schumacher e o roteirista Akiva Goldsman pegaram a história escrita pelo casal Lee Batchler e Janet Scott Batchler e aumentaram o volume do humor e a intensidade das cores – sua Gotham City é um festival de luzes neon fluorescentes (que contribuiu para a indicação de Stephen Goldblatt ao Oscar de melhor fotografia).

"São comic books, não tragic books", justificou o cineasta, fazendo um trocadilho com a denominação em inglês das revistas de quadrinhos.

Desde a cena de abertura, o público percebe a guinada. Nessa cena, montada com uma sucessão de cortes rápidos, vemos Bruce Wayne se preparando para uma missão noturna. Surge o mordomo Alfred vivido por Michael Gough (um dos dois únicos remanescentes do elenco de Tim Burton, ao lado do Comissário Gordon de Pat Hingle), que pergunta se o Cavaleiro das Trevas quer levar um sanduíche... A piada continua: Batman responde que usará o drivethru – um claro afago ao McDonald's. A preocupação com o merchandising será observada mais adiante: também por exigência da Warner, o super-herói vestirá um segundo traje na trama, a Armadura Sônica, desenvolvida puramente para incrementar a venda de brinquedos.

Mas Batman Eternamente, que bateu recordes de bilheteria nos primeiros dois dias de exibição, levou os cinemas a resgatar as sessões matinais e se tornou a quinta maior arrecadação de 1995 (US$ 336,5 milhões), não tinha os olhos voltados exclusivamente para as crianças. Schumacher tentou atrair os apreciadores da estética e do humor do seriado dos anos de 1960. Vide as cores dos cenários e dos figurinos (que remetem a um desfile de Carnaval). Vide a canastrice careteira das intepretações de Jim Carrey (cada vez mais histriônico à medida que o filme avança) e Tommy Lee Jones (que despiu o personagem de toda sua carga dramática). Vide as armadilhas bizarras e as armas espalhafatosas dos vilões, como o dispositivo que suga ondas cerebrais. Vide o modo de filmar as cenas de luta – só faltaram as onomatopeias.

Ao mesmo tempo, o cineasta realçou os aspectos homoeróticos, mas parodicamente. Como escreveu Glen Weldon no livro A Cruzada Mascarada: Batman e o Nascimento da Cultura Nerd (editora Pixel, 2017, com tradução de Érico Assis), "o fato de que a forma masculina requintadamente 'sarada' paira na intersecção entre iconografia super-heroica e pornografia gay é uma coisa que Schumacher, pelo menos ele, acha engraçado". Daí os mamilos proeminentes no peitoral do uniforme de borracha e os closes nas nádegas do protagonista. Daí os maneirismos afetados e os cabelos cor de rosa do Charada. Daí o Robin não ser o característico adolescente com quem Bruce estabelece uma relação paterna, mas um ator de 24 anos com brinco na orelha, camiseta justa "e um quê de michê", diz Weldon.

Como que para contrabalançar, Batman Eternamente dá duas namoradas para o Duas-Caras, a angelical Sugar (Drew Barrymore) e a diabólica Spice (Debi Mazar), e escala Nicole Kidman para encarnar a sensual psiquiatra Chase Meridian, que vai tentar seduzir Batman.

– Eu mandei o sinal – diz ela no início de uma sequência que tanto lembra as comédias de Billy Wilder, calcadas em diálogos de duplo sentido, quanto os mais fuleiros thrillers eróticos.

– Qual o problema? – pergunta Batman.

– Ontem à noite percebi algo sobre o Duas-Caras. Sua moeda é seu calcanhar de Aquiles. Podemos usar isso contra ele.

– Eu sei. Foi por isso que me chamou? O Batsinal não é um bip.

– Bem, gostaria de dizer que meu interesse em você era puramente profissional.

– Tentando entrar debaixo da minha capa, doutora?

– Uma garota não pode viver só de psicoses.

– É o carro, né? Garotas adoram.

– Qual é o charme do homem errado? No Ensino Médio, são os de brinco. Na faculdade, motocicleta e jaqueta de couro. Agora, oh! (suspira enquanto aperta o peitoral do Homem-Morcego), roupa preta de borracha.

– Experimente um bombeiro. Menos roupa para tirar.

– O trabalho não importa. Pena não poder ver atrás da máscara.

– Todos nós usamos máscaras.

– Minha vida é um livro aberto. Você lê?

– Eu não combino com piqueniques de família.

– Nós podíamos tentar. Eu levo o vinho, você leva sua psiquê machucada – convida Chase, simultaneamente retirando seu casaco e revelando um sexy vestido preto.

– Você vai direto ao ponto, não?

– Você gosta de mulheres fortes. Eu fiz meu tema de casa. Ou preciso de vinil colante e um chicote?

Obviamente, não demora para que o Comissário Gordon apareça, quebrando a tensão sexual. Mas para os fãs que não aceitam nem de brincadeira a possibilidade de Batman ser gay, o "estrago" já estava feito. Nas lojas de quadrinhos, nas seções de cartas, nas convenções e nos fóruns da internet, passaram a maldizer Batman Eternamente e seu diretor. O vindouro Batman & Robin (1997) só fez crescer a indignação online: um dos sites dedicados ao ódio se chamava Bring me the Head of Joel Schumacher – em bom português, Tragam-me a Cabeça de Joel Schumacher.

BATMAN & ROBIN (1997)

Não se pode dizer que Batman & Robin (1997) tenha sido um fracasso de público – os US$ 238 milhões arrecadados os colocam entre as 15 maiores bilheterias daquele ano. Não se pode dizer, também, que tenha sido um sucesso – o segundo filme dirigido por Joel Schumacher rendeu US$ 100 milhões a menos do que o primeiro e é o de pior desempenho entre todos os lançados no cinema a partir de 1989, aí incluída a animação Lego Batman (2017).

Não poderia ser diferente.

Do desastre perpetrado por Schumacher a partir de um roteiro de Akiva Goldsman salvam-se apenas o Batman de George Clooney – com um físico mais adequado do que o de seus antecessores, uma voz efetivamente grave e, principalmente, o queixo certo – e a Hera Venenosa de Uma Thurman. Seja como a tímida botânica Pamela Isley, seja como a vilã sedutora, a atriz é o ridículo em pessoa. Parece ter sido a única cúmplice do cineasta na intenção de se aproximar do seriado da década de 1960. O melhor exemplo é a cena em que Hera dá uma parada no combate a Batgirl vivida por Alicia Silverstone (então um nome quente por causa de As Patricinhas de Beverly Hills, seminal comédia adolescente de 1995). O motivo: verificar no reflexo da lâmina que empunha como está sua maquiagem.

De resto, Batman & Robin é um punhado de bobagens, que afrontam a grande maioria dos fãs do super-herói, e sequências de ação insossas. Uma pista do que vem pela frente é dada logo no início. A exibição dos detalhes dos uniformes e das bugigangas da Dupla Dinâmica tem como ápice o close nas nádegas dos personagens interpretados por Clooney e Chris O'Donnell (Dick Grayson/Robin). No primeiro diálogo, o Menino-Prodígio fita o Batmóvel e diz: "Eu quero um carro. As garotas gostam do carro".

Batman suspira e solta a primeira suposta piada: "É por isso que o Superman trabalha sozinho".

O pior ainda estava por vir. É a cena do "batcartão de crédito", na qual o Homem-Morcego parafraseia um famoso slogan do American Express: "Não saia da Batcaverna sem ele".

Na trama, o Mr. Freeze encarnado por Arnold Schwarzenegger – "perfeito" no papel, já que suas emoções são congeladas – quer transformar Gotham City em seu domínio de gelo. O Batsinal é acionado, e Batman e Robin correm para atender ao chamado. Enquanto isso, na América do Sul, a cientista Pamela sofre um acidente químico. Envolta pelas plantas exóticas que estudava, surge Hera Venenosa, mulher sensual com beijos mortais e um incontrolável desejo de vingança. Para deter essa nova dupla de criminosos, Batman e Robin contam com a ajuda da jovem Barbara Wilson, a Batgirl – que, pasmem, recebe do fiel mordomo Alfred todo o serviço sobre os mocinhos.

Foi uma fria tão grande, que envenenou as pretensões de um filme que, em 1999, marcaria o aniversário de 60 anos de Batman.

CENA 6

BATMAN BEGINS (2005)

BATMAN: O CAVALEIRO DAS TREVAS (2008)

BATMAN: O CAVALEIRO DAS TREVAS RESSURGE (2012)

DATA	: CENA	TOMADA

Christopher Nolan,
Christian Bale e
a aposta no realismo.

BATMAN BEGINS (2005)

Um ataque terrorista que traumatizou os Estados Unidos e abalou o mundo e um curta-metragem de US$ 30 mil e oito minutos foram fundamentais para o surgimento da mais louvada e bem-sucedida fase de Batman nos cinemas.

Os efeitos do 11 de Setembro, em 2001, ainda se faziam sentir na produção de Hollywood quando o cineasta inglês Christopher Nolan começou a gestar Batman Begins (2005), filme que abriu a trilogia bilionária protagonizada por Christian Bale – esse primeiro título arrecadou US$ 373,6 milhões; O Cavaleiro das Trevas, US$ 1 bilhão; O Cavaleiro das

Trevas Ressurge (2012), US$ 1,1 bilhão. Havia uma tendência à sobriedade, em consonância com um "imaginário cinza de fim de mundo" – como definiu o crítico Marcelo Hessel, do site Omelete – após os atentados ao World Trade Center, em Nova York, e ao Pentágono, em Washington. Isso ajuda a explicar o êxito da franquia Jason Bourne, que teve início em 2002 e mostrou um 007 desglamorizado, vivendo aventuras marcadas pelo realismo cru – que acabou sendo adotado nos filmes do próprio James Bond, a partir de Cassino Royale (2006) –, pela globalização do terrorismo e pela controversa política de segurança e vigilância adotada pelos Estados Unidos. A cultura do medo implementada pelo governo de George W. Bush também pesou para o sucesso do seriado 24 Horas, lançado em 2001: o agente Jack Bauer personificou o sentimento da nação, encarando muçulmanos, russos, chineses, africanos e até mexicanos como inimigos e não titubeando em usar da violência e mesmo da tortura para desbaratar uma ameaça ao país. O fato é que os EUA precisavam de um herói, e um herói que fosse plausível e que lidasse com ameaças reais.

Entrementes, em 2003 o técnico em efeitos visuais Sandy Collora escreveu e dirigiu um curta chamado Batman: Dead End, que ele apresentou na San Diego Comic-Con, um dos eventos mais tradicionais da cultura pop. Pupilo do oscarizado artista Stan Winston, Collora vestiu o fisiculturista Clark Bartram com um uniforme dos velhos tempos, sem a elipse amarela sobre o símbolo do morcego, e o levou para um beco sem saída, onde, sob chuva, primeiro tenta capturar o Coringa; depois, trava uma briga brutal com os monstros das franquias Aliens e Predador.

Esses componentes da ficção científica espacial não tinham muito a ver com os sonhos dos fãs mais devotos, mas, conforme escreveu Glen Weldon no livro A Cruzada Mascarada (2017), a atenção de Sandy Collora a elementos visuais icônicos do Cavaleiro das Trevas estimulou a sede de ver o herói de volta à ação nas telas do cinema, despido das distrações barrocas impostas por Tim Burton e Joel Schumacher entre 1989 e 1997.

Batman Begins funde o contexto da época com os desejos da comunidade nerd.

Por um lado, a trama escrita por por Christopher Nolan com o roteirista David S. Goyer (que havia trabalhado na trilogia Blade, o caçador de vampiros da Marvel) tem como tema principal o poder e o propósito do medo – não à toa, um dos vilões é o Espantalho, que desenvolveu um gás capaz de fazer as vítimas alucinarem sobre seus piores temores. Por outro, o roteiro se estrutura ou pelo menos foi influenciado a partir de histórias em quadrinhos que estão entre as favoritas dos leitores de Batman. Entre elas, destacam-se Ano Um (1987), de Frank Miller e David Mazzucchelli, O Homem que Cai (1989), de Denny O'Neil e Dick Giordano, e O Longo Dia das Bruxas (1996-1997), de Jeph Loeb e Tim Sale, além da fase de O'Neil e Neal Adams no começo da década de 1970.

Nolan também extirpa as cores, as piadas (mas não necessariamente o senso de humor), Robin e os elementos bizarros ou cartunescos. Seu filme será o mais realista possível, permitindo-se a violência, a dor, a amargura. O diretor estava na contramão de Joel Schumacher: queria tirar o "comic" de "comic book". Ou até mais do que isso, como contou no livro The Art and Making of The Dark Knight Trilogy (2012, editora Abrams), de Jody Duncan Jesser e Janine Pourroy: "Desde o início, meu interesse foi pegar uma história de super-herói, mas fundamentá-la na realidade, nunca olhando para ela como um filme de quadrinhos, mas sim como qualquer outro filme de ação/aventura. Eu estava interessado em remover a moldura das histórias em quadrinhos, a realidade bidimensional de como uma HQ se parece. Seria um Batman mais sombrio e humano".

O primeiro passo era se preocupar em responder a uma série de perguntas: por que a roupa de morcego?

Por que a obsessão pela justiça? Como ele treinou? Como consegue seu equipamento? Por que ele não mata? Como seria um Batmóvel na vida real? Quem é Bruce Wayne? Ao pensar nas respostas, Christopher Nolan e David S. Goyer lembraram de outro trauma nacional: o assassinato do presidente John F. Kennedy, em Dallas, em 1963. A imagem que capturou a imaginação de ambos, Goyer revela em The Art and Making of the Dark Knight Trilogy, foi a da famosa fotografia de John F, Kennedy Jr, então com três anos, saudando o caixão de seu pai: "Essa foto, que mostrava essa criança tentando parecer estoica e corajosa, desencadeou algo para nós".

Eis um dos pontos essenciais do fascínio despertado por Batman. Sim, Bruce Wayne tem um superpoder – ele é bilionário, seu dinheiro é como magia, que faz possível desenvolver o corpo, a mente e uma coleção de veículos, tecnologias e acessórios para combater o crime. Mas Bruce Wayne não é um alienígena que, na Terra, tem superforça, supervelocidade, invulnerabilidade, visão de Raio X, microscópica e infravermelho, entre outros tantos poderes. Não é um jovem que foi picado por uma aranha radioativa e, assim, adquiriu força e agilidade sobre-humanas, escala paredes e anda pelo teto, lança teias e tem um incrível sentido de alerta. Não é um mutante com garras retráteis e uma capacidade de regeneração que o torna virtualmente imortal.

Bruce Wayne é um homem. E, antes desse homem, havia um menino – um guri como nós –, que, certa noite, como no maior dos nossos medos, perdeu os pais. Mais trágico ainda: testemunhou o assassinato do pai e da mãe.

Com um jogo de luz sépia e sombras do diretor de fotografia Wally Pfister, indicado ao Oscar, Batman Begins retrata a transformação desse menino amedrontado em Homem-Morcego. Explora demônios interiores e evita que os exteriores sejam caricatos – são eles, além do Espantalho (Cillian Murphy), o mafioso Carmine Falcone (Tom Wilkinson) e Ra's al Ghul (Ken Watanabe), líder da Liga das Sombras. Os fãs de Batman familiarizados com Ghul estranharam a escalação de um ator japonês para ser o vilão de nome árabe criado nos gibis em 1971. Mas tudo faz sentido no roteiro. Repetindo: Nolan procura explicar de forma lógica cada aspecto da batmitologia.

Isso vale também para os traços mais psicológicos. O Bruce Wayne de Batman Begins não quer só vingar a perda dos pais: ele também se sente culpado por sua morte.

– Minha raiva é maior do que minha culpa – diz um Bruce que ainda não separa justiça de vingança a Ducard (Liam Neeson), seu mentor entre os guerreiros da Liga das Sombras, no Himalaia.

Vêm de Ducard as lições sobre "teatralidade e ilusão" que justificam a escolha do uniforme. Ele ensina que um homem de carne e osso pode ser destruído, mas um símbolo é muito mais assustador. Portanto, Bruce recorre ao mais intimidante símbolo que conhece, mas o filme toma algumas liberdades em relação à origem do personagem costumeiramente contada nos quadrinhos. No livro The Art and Making of the Dark Knight Trilogy, Christopher Nolan explica:

"Nos quadrinhos, a família vai ao cinema para ver A Máscara do Zorro. Trocamos para uma ópera, onde eles assistem a Mefistófeles, que tem criaturas semelhantes a morcegos em cena. Isso relembra Bruce da terrível experiência que teve com morcegos, e então ele pede aos pais para ir embora. Ao saírem, acabam deparando com o ladrão que assassina o pai e a mãe. Nós quisemos, em Batman Begins, conectar o medo de morcegos com o sentimento de culpa. Quisemos que o assassinato de seus pais fosse para sempre associado à ideia do morcego, justificando por que o símbolo se tornou tão significante em sua vida."

THE DARK KNIGHT

Batman: O Cavaleiro das Trevas (2008)

Diferentemente do que sugere o título, não é uma adaptação da homônima e seminal história em quadrinhos publicada por Frank Miller em 1986. Tampouco é um filme do Batman propriamente dito: é do Coringa, mais de 10 anos antes do filme Coringa (2019).

Quem começa dando as cartas é justamente o vilão, em interpretação tão magnética e tão ofuscante de Heath Ledger que permite comparar com o Marlon Brando de Uma Rua Chamada Pecado (1951) ou Apocalypse Now (1979). Por sua vez, a primeira aparição do Homem-Morcego chega a ser chocha, apesar de Christian Bale imprimir a voz grave e tenebrosa que o personagem dos gibis pede.

Christopher Nolan dirigiu duas horas e meia de um pesadelo sombrio e vertiginoso. Mais acelerado – e mais coeso – do que Batman Begins (2005), O

Cavaleiro das Trevas estabeleceu um novo paradigma para o gênero ao conjugar ação e reflexão. Entre combates corporais e perseguições automobilísticas, entre exibições de bat-utilidades e explosões de prédios, discutem-se temas perenes (o que é um herói e o que separa o Bem do Mal, por exemplo) e dilemas modernos (como os riscos de combater o crime com extremismo).

Merecia ter concorrido ao principal prêmio do Oscar, mas, no fim das contas, apesar dos 10 anos de intervalo, foi ótimo que o primeiro filme de super-herói indicado à mais cobiçada estatueta tenha sido Pantera Negra (2018) e sua colorida explosão de representatividade e africanidade. Coube à segunda parte da bat-trilogia de Nolan angariar US$ 1 bilhão nas bilheterias, valer um Oscar póstumo a Ledger – morto em janeiro de 2008, antes mesmo da estreia da superprodução, vítima de overdose acidental de remédios – e disputar outros sete troféus: melhor fotografia, edição, direção de arte, efeitos visuais, maquiagem, mixagem de som e edição de som (também premiada).

A trama escrita por Nolan, seu irmão, Jonathan Nolan, e David S. Goyer tem início com um assalto a banco por uma quadrilha mascarada, orquestrado pelo Coringa, que vai deixar fulos da vida os mafiosos de Gotham City – filmada sobretudo em Chicago, dentro da leitura realista proposta pelo diretor britânico, avesso a truques digitais. Esse roubo mirabolante é uma das homenagens de Nolan ao policial Fogo Contra Fogo (1995), de Michael Mann. Entre as outras, estão a escalação do ator Willian Fichtner, a fotografia fria e azulada, o peso da cidade e o caráter obsessivo dos personagens.

Paralelamente, Batman, o ainda tenente Gordon (Gary Oldman) e o incorruptível promotor público Harvey Dent (Aaron Eckhart) se unem para limar da cidade os criminosos.

O enredo e o tom sóbrio, quase noir, bebem bastante de três dos melhores gibis do super-herói da DC Comics: Batman: Ano Um (1987), de Frank Miller e David Mazzucchelli, O Longo Dia das Bruxas (1996-1997), de Jeph Loeb e Tim Sale, e A Piada Mortal (1988), tour de force do Coringa com roteiro de Alan Moore e arte de Brian Bolland.

Nolan não chega a explorar a origem do vilão, como faz A Piada Mortal, mas, no filme, o personagem alude ao dos quadrinhos quando reinventa aqui e ali o seu passado – uma tática declarada pelo Coringa na HQ. É como se zombasse daqueles que buscam uma explicação lógica para a maldade.

Cinema e quadrinhos se encontram sobretudo na abordagem da dualidade de Batman (um herói com impulsos negativos) e na tese do Coringa de que basta um dia ruim para transformar o mais íntegro dos cidadãos em um lunático, basta o caos para nivelar bons e maus.

– Insanidade é como gravidade – afirma o Coringa de Heath Ledger. – Basta um empurrãozinho.

Não é por acaso que O Cavaleiro das Trevas acompanha o surgimento de outro vilão essencial: o Duas-Caras. Ele é o símbolo tanto do lado escuro de Batman quanto da proposição do Coringa, que, a certa altura, diz para o herói: "Você me completa!". Essa frase é proferida na maior das homenagens a Fogo Contra Fogo: o interrogatório do Batman com o Coringa referencia a cena dos personagens de Al Pacino (o detetive Vincent Hanna) e Robert De Niro (o ladrão Neil McCauley) no restaurante, tanto no posicionamento da câmera e na edição do diálogo (plano e contraplano, plano e contraplano) quanto no teor da conversa – lá também policial e bandido se reconhecem como duas caras da mesma moeda.

Dito isso, também não é por acaso que, na cena em que o Homem-Morcego suspende o Palhaço do Crime de ponta-cabeça, Nolan movimente a câmera de modo a igualar a posição dos dois interlocutores. Um não é mais o inverso do outro, mas seu espelho.

THE DARK KNIGHT RISES

Batman: O Cavaleiro das Trevas Ressurge (2012)

Oito anos se passaram desde os acontecimentos de O Cavaleiro das Trevas (2008). Batman (Christian Bale), após assumir a culpa pela morte de Harvey Dent – mantendo incólume a imagem do promotor público que, transformado em Duas-Caras, havia cometido atrocidades em Gotham City –, está aposentado, e seu alter ego, Bruce Wayne, virou um bilionário recluso. Não dá bola a Miranda Tate (Marion Cotillard), investidora em um projeto de energia limpa, e não percebe que falta dinheiro para ajudar um orfanato, como se queixa o policial John Blake (Joseph Gordon-Levitt).

Seu sacrifício, porém, concedeu à cidade tempos de paz, erguidos sob a Lei Dent, que aprisiona bandidos sem julgamento nem direito a condicional. Mas Bruce ouve dos lábios rubros de Selina Kyle, a Mulher-Gato (Anne Hathaway):

– Uma tempestade está chegando.

Essa tempestade vem em forma humana (ou quase). É Bane (Tom Hardy, apavorante com seu rosto encoberto por uma máscara e sua voz distorcida), vilão criado em 1993 nos gibis. O terrorista surge aos olhos do espectador na acachapante cena de abertura, a bordo de um avião da CIA. Como comenta o roteirista David S. Goyer – que escreveu a trama com os irmãos Christopher e Jonathan Nolan – no livro The Art and Making of the Dark Knight Trilogy (2012), de Jody Duncan Jesser e Janine Pourroy, eis outro inimigo que suscita paralelos com Batman, outro órfão que desenvolveu a mente e o corpo para infligir o terror.

Bane, Selina Kyle, John Blake, Miranda Tate. Os personagens vão aparecendo na tela, como peças de outro engenhoso e fascinante quebra-cabeças montado por Christopher Nolan, a exemplo de seu filme anterior, A Origem (2010). O tabuleiro move-se constantemente, embalado por uma música ribombante, tensa, e ancorado por uma edição que, como é característico de Nolan, aposta tanto em flashbacks quanto em flashforwards.

O Cavaleiro das Trevas Ressurge em nenhum momento se esquece de que é um filme de super-herói – exibe com gosto a batparafernália, não poupa cenas de combate corpo a corpo, pontua o enredo sinistro com alívios cômicos (sobretudo via Mulher-Gato), pede a suspensão da descrença ao espectador. Mas também oferece a ele muito mais do que diversão escapista, descerebrada.

Não encena um debate sobre o bem versus o mal, mas sim sobre o bem e o mal coexistindo sob a capa do Batman. Não é um filme sobre um vilão que quer dominar o mundo – aliás, ele nem quer dominar o mundo; seu propósito é político, revolucionário, anárquico (uma das inspirações declaradas de Nolan foi o romance de Dickens Um Conto de Duas Cidades, ambientado na Revolução Francesa, e a trama ecoa o movimento Occupy Wall Street). Não é um filme em que os efeitos visuais falam mais alto do que os atores – pelo contrário: esses é que falam muito, em diálogos sobre o que é ser herói, sobre as máscaras que vestimos diariamente, sobre a perda da esperança e o medo da morte.

Mas também não é um filme só para pensar. Toca fundo no coração – tanto o do protagonista quanto o do espectador. Nolan sabe que cordas puxar na memória afetiva dos fãs. Revisita cenas dos filmes anteriores – de modo a sugerir que tudo nessa trilogia foi prévia e inteligentemente elaborado – e alude a aspectos fundamentais da batmitologia em seu longo e intenso clímax.

Não escondo que chorei – e três vezes – quando assisti ao encerramento da trilogia. Mas o tempo de lá para cá realçou os vários problemas de Batman: O Cavaleiro das Trevas Ressurge, que vão desde erros bobos de continuidade até as muitas decisões do roteiro que desafiam a mínima lógica (como todos os policiais de Gotham caírem em uma armadilha), passando pelas mortes indignas, rápidas demais ou simplesmente ridículas de dois dos personagens principais.

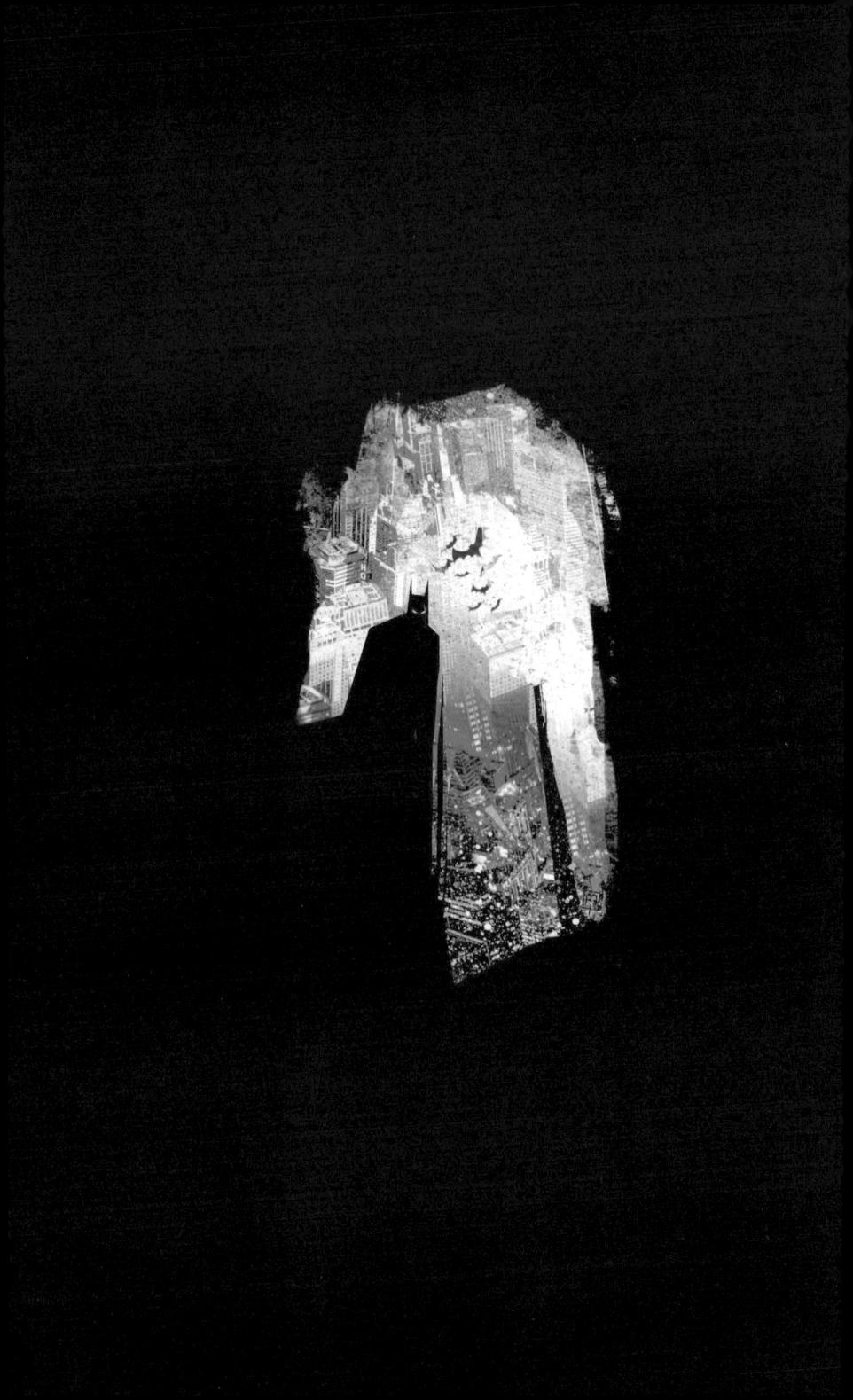

CENA 7

**BATMAN:
A PIADA MORTAL**
(2016)

DATA	: CENA	TOMADA

Pobre Barbara Gordon.

BATMAN: A PIADA MORTAL (2016)

Publicada em 1988 pelo trio britânico Alan Moore (texto), Brian Bolland (arte) e John Higgins (cores), A Piada Mortal é uma das histórias mais aclamadas de Batman – até ganhou o prêmio Eisner, o principal dos quadrinhos norte-americanos, de melhor graphic album.

É também uma das mais influentes: para muita gente, a origem trágica do Coringa contada em suas 48 páginas é a definitiva, e a chamada continuidade (ou a cronologia) dos gibis do Homem-Morcego incorporou o ataque sofrido pela personagem Barbara Gordon, a Batgirl, que ficou paraplégica.

É também uma das mais vendidas, a ponto de entrar na lista de best-sellers do jornal The New York Times e de já ter sido publicada em uma série de formatos, incluindo edições de luxo em preto e branco ou com duas colorizações bem diferentes.

E é também uma das mais controversas – uma das celeumas envolve o próprio trabalho de colorização: Higgins apostou em cores lisérgicas, Bolland, 20 anos depois, investiu em tons frios.

Outra é justamente quanto ao tratamento dado a Barbara. A trama nos induz a acreditar que ela foi estuprada pelo Coringa, além de ser mutilada e humilhada (o vilão tira fotos dela nua e ensanguentada). A roteirista Gail Simone colocou Barbara na lista Women in Refrigerators, referência a uma história do Lanterna Verde de 1994, na qual o super-herói descobre, na sua geladeira, o corpo desmembrado de sua namorada. São mulheres que são violentadas e/ou mortas apenas para desencadear a raiva do protagonista masculino.

O próprio Moore passou a desgostar da HQ: "É uma história sobre Batman e o Coringa; não é sobre nada que você vá encontrar na vida real, porque Batman e o Coringa não são como nenhum ser humano que já viveu. Portanto, não há nenhuma informação humana importante sendo transmitida".

Mas a narrativa do escritor inglês permanece fascinante. O Palhaço do Crime faz o que faz para provar a teoria de que "só é preciso um dia ruim para reduzir o mais são dos homens a um lunático". O Coringa vai mais longe: afirma que Batman também teve seu dia ruim, mas não admite sua loucura. Essa é a parte boa – ainda que tenha se optado pelas cores frias de Bolland – nos 76 minutos do longa-metragem de animação Batman: A Piada Mortal (2016), que teve direção de Sam Liu, conta com as vozes de Kevin Conroy (Batman) e Mark Hammill (Coringa) e só foi exibida em alguns poucos cinemas, nos dias 25 e 26 de julho daquele ano – o foco da produção era o lançamento em Blu-ray e DVD, em 2 de agosto.

O problema é que, para chegar a essa parte, é preciso enfrentar quase meia hora de um enxerto arrastado, desconexo e medonho tanto no visual quanto nos diálogos. Trata-se de uma subtrama, narrada por Barbara, em que ela fala sobre sua decisão de abandonar o uniforme da Batgirl após uma crise envolvendo uma guerra de mafiosos (um deles com o improvável nome de Paris Franz, que, evidentemente, provoca uma piadinha perdida no rolê).

Essa subtrama também traz outro ataque a Barbara (e também a Batman): ainda na pele da Batgirl, ela transa com o Homem-Morcego no teto de um edifício. A cena é rápida e não há nada perto do explícito, mas o estrago já estava feito. A tensão sexual é totalmente inapropriada e tirada do nada, já que os dois personagens sempre tiveram uma relação pai-e-filha.

CENA 8

BATMAN VS SUPERMAN
(2016)
LIGA DA JUSTIÇA (2017)

**LIGA DA JUSTIÇA DE
ZACK SNYDER** (2021)

DATA : CENA TOMADA

Zack Snyder, Ben Affleck,
um olhar cafona e uma mão pesada.

BATMAN VS SUPERMAN (2016)

O título de Batman Vs Superman: A Origem da Justiça não deixa dúvida: este não é um filme do Batman COM o Superman, mas um duelo, em que o primeiro é o protagonista, e o segundo, um coadjuvante de luxo.

Não à toa, as primeiras cenas da trama escrita por Chris Terrio (ganhador do Oscar por Argo) e David S. Goyer (egresso da trilogia dirigida por Christopher Nolan) recontam o episódio crucial para a transformação de Bruce Wayne em Homem-Morcego: o assassinato de seus pais, Thomas e Martha (guarde este nome: será retomado em uma das cenas mais ridículas dos batfilmes). É dele também a única mente que se abre para um mergulho do espectador, via pesadelos pretéritos ou sonhos distópicos; e é por seu ponto de vista que surgem na história o Homem de Aço (Henry Cavill) e a então grande novidade do universo cinematográfico da DC, a Mulher-Maravilha, que nunca havia aparecido em um filme e agora ganhou uma encarnação hipnotizante (Gal Gadot).

O próprio Batman é uma novidade. Saiu Christian Bale e, agora, Ben Affleck está por trás da máscara. A ideia de escalar um ator mais velho, que manteve a gravidade do anterior e acrescentou mais sarcasmo ao papel, foi um aceno do diretor Zack Snyder aos fãs da história em quadrinhos O Cavaleiro das Trevas, publicada por Frank Miller em 1986.

Este é um Batman mais calejado, mas não por isso menos raivoso; com uns 20 anos de experiência, mas não por isso desprovido de certa ingenuidade – para o super-herói definido como "o maior detetive do mundo", soa estranho ele se deixar alienar pela mídia em relação ao Superman, que, na sua mistura de alienígena e divindade, tanto pode ser uma ameaça ou uma salvação.

Um novo Batman traz consigo um novo Alfred (Jeremy Irons, sempre um prazer de ver e ouvir), uma nova batcaverna, um novo batmóvel, um novo uniforme e um novo arsenal. Só não traz novos batvilões. Os dois vilões do filme são do Superman – ele próprio um antagonista, vale repetir. Ambos desapontam. A ideia de um Lex Luthor à la Mark Zuckerberg é interessante – e não foi por acaso que Snyder escolheu para o papel Jesse Eisenberg, que interpretou o futuro dono do Facebook, do Instagram e do WhatsApp em A Rede Social (2010). Mas o desempenho caricato do ator não foi bem recebido nem por críticos, nem por fãs e acabou valendo um troféu Framboesa de Ouro de pior coadjuvante.

O outro vilão é Apocalypse, um personagem digital, ou seja: um embuste barulhento e destruidor, com quem não se estabelece a menor conexão emocional.

Esses dois pesos, vindos do corner kryptoniano, puxam para baixo o filme, que parece apenas uma versão estendida do malfadado segundo trailer – praticamente toda a trama, surpresas e até reviravoltas foram reveladas ali, arrefecendo as expectativas. Mas nem tanto: Batman Vs Superman foi um sucesso de bilheteria, faturando US$ 836,6 milhões, tornando-se a sétima maior daquela temporada e a terceira no ranking das adaptações do Homem-Morcego.

Sobram a Mulher-Maravilha e o conflito entre Batman e Superman. O aguardado quebra-pau entre os dois personagens presta tributo a um gibi do Batman, claro, O Cavaleiro das Trevas, e enfatiza a faceta estrategista de Bruce Wayne. Pode até ter terminado em empate, mas – com o perdão de um leve spoiler –, no final quem tem a última palavra é o Batman. Aliás, é do Homem-Morcego para o Homem de Aço a frase que virou meme e que traduz o tom do filme: "Diga-me: você sangra?".

Liga da Justiça (2017)
Liga da Justiça de Zack Snyder (2021)

Os bastidores de Liga da Justiça de Zack Snyder (2021) são mais emocionantes, tensos e envolventes do que o filme em si.

A história que justificaria quatro horas de duração é a de como o cineasta foi de uma tragédia familiar à aclamação popular. Essa trama inclui os relatos de comportamento abusivo e de racismo cometidos pelo diretor que o substituiu na primeira versão da aventura cinematográfica dos super-heróis da DC Comics, lançada em 2017. Joss Whedon, que tinha no currículo dois sucessos de bilheteria do gênero pela concorrente, a Marvel – Os Vingadores (2012) e Vingadores: Era de Ultron (2015), com um total de US$ 2,9 bilhões arrecadados –, entrou em cena quando Snyder precisou se afastar para lidar com o luto e o trauma do suicídio de sua filha de 20 anos, Autumn. A visão amarga, a mão dura e o pendor para a violência do realizador de O Homem de Aço (2013) e Batman Vs Superman: A Origem da Justiça (2016) continuaram presentes, mas dividindo espaço com piadinhas constrangedoras e uma paleta de cores mais solar, ou seja, Liga da Justiça virou uma maçaroca sem personalidade, mal recebida por público (parou nos US$ 657 milhões) e por crítica (40% de aprovação no site Rotten Tomatoes).

Inconformados com a estreia do supergrupo dos quadrinhos no cinema, os fãs, ainda em 2017, movimentaram-se para exigir que a Warner (dona da DC) liberasse a versão de Zack Snyder – via hashtag #ReleaseTheSnyderCut. O próprio cineasta endossou a campanha, à qual se juntaram atores como Jason Momoa (o Aquaman) e Gal Gadot (a Mulher-Maravilha). Até que em 2020 o estúdio cedeu e até deu mais dinheiro – entre US$ 40 milhões e US$ 70 milhões – para o diretor reunir de novo a equipe de pós-produção, inclusive gravar cenas adicionais, como a que traz uma participação do famigerado Coringa interpretado por Jared Leto, vindo de Esquadrão Suicida (2016). No total, somando a primeira versão, as refilmagens de Whedon e o novo corte, a brincadeira custou de US$ 340 milhões a US$ 370 milhões.

Isso são os bastidores, cheios de drama, intriga, extravagâncias financeiras, reviravoltas e redenção, com doses de humor providenciadas pelo porco apagamento digital do bigode que o ator Henry Cavill, o Superman, estava usando nas refilmagens, por causa de seu papel em Missão Impossível: Efeito Fallout (2018), e com direito a uma paixão de Hollywood: a batalha judicial de um indivíduo contra uma corporação. Ray Fisher, que encarna o Ciborgue, disse que era tóxico o ambiente sob o comando de Joss Whedon e acusou a Warner de, por racismo, diminuírem o tamanho de seu papel e de outros personagens negros na versão que chegou aos cinemas.

Pois um dos raros trunfos de Liga da Justiça de Zack Snyder é um desenvolvimento mais completo do Ciborgue. Também aparecem mais os vilões Darkseid e seu lacaio Lobo da Estepe. De resto, o que temos é apenas o desnecessário esticamento em quatro horas da mesma trama que o Liga da Justiça de 2017 apresentou em duas. São 240 minutos de muita breguice, muita câmera lenta e muita computação gráfica, embaladas em uma abordagem supostamente madura dos super-heróis – parece mais a concretização dos sonhos de um guri de 10 anos (a propósito, Snyder tinha 55), que confunde sinistro com adulto. Isso ajuda a explicar, por exemplo, a utilização do uniforme preto do Superman, que não tem sentido nenhum na história, a não ser atender ao fetiche de quem leu os gibis sobre a morte e a ressurreição do kryptoniano publicados na metade inicial da década de 1990.

Na trama, o Superman está morto, mostra a manchete do jornal, e a Terra se vê diante de uma nova ameaça vinda do espaço – o Lobo da Estepe, um vilão digital e com voz distorcida (coitado do bom ator Ciaran Hinds, que não contracenou com ninguém exceto uma tela verde e que sequer pode ser reconhecido). Auxiliado por "parademônios" – uma espécie de homens-inseto – e querendo se redimir junto ao temível Darkseid (outro personagem gerado por computador, dublado por Ray Potter), o Lobo veio atrás das três "caixas maternas", artefatos que, claro, contêm enorme poder e podem causar a destruição do mundo. Uma está guardada na ilha das Amazonas, outra, no reino submerso dos Atlantes, e a terceira foi escondida pelos homens. (Verdade seja dita, a Marvel adotou um enredo semelhante em Vingadores: Guerra Infinita, de 2018.)

É hora de Batman (Ben Affleck) recruta um time de heróis: a Mulher-Maravilha (Gal Gadot), Flash

(Ezra Miller), Ciborgue (Ray Fisher) e Aquaman (Jason Momoa). Mas nem todos vão responder de imediato a seu apelo. Mais adiante – beeem mais adiante nessa nova versão –, a trupe vai ressuscitar Superman (Henry Cavill), que, num primeiro momento, despejará sua fúria contra os próprios colegas de heroísmo, afinal, ser sombrio é o fino na cartilha de Zack Snyder. Pode ter certeza, também, de que haverá escuros, barulhentos e intermináveis duelos e combates grupais, uma coleção de frases de efeito e quase zero discussões morais mais elevadas. Para os fãs devotados, o cineasta espalhou uma série de presentinhos e referências, que vão desde a inédita aparição de Ajax, o Caçador de Marte (interpretado por Harry Lennix), até o distópico epílogo em que Batman e Coringa cutucam um ao outro, aludindo a destinos sangrentos de entes queridos.

Esse epílogo, que sucede uma divisão em seis partes do filme, tem pouco menos de 25 minutos. De interessante, mas não necessariamente positivo, temos a visão de Snyder para o que seria o futuro da DC no cinema. De novo, o Superman, eterno defensor dos fracos e oprimidos, surgiria como agressor dos bombados e poderosos.

Mas era tudo um sonho do Batman. Pena que nós não temos essa prerrogativa, a de acordar e perceber que não perdemos quatro horas de vida assistindo a Liga da Justiça de Zack Snyder, que talvez seja mais marcante pelo que traz de ridículo, como seus vários "comerciais", a maioria deles em câmera lenta. O logotipo de uma marca de carros é visto inúmeras vezes e um gergelim gigante de um hambúrguer também ganha destaque em slow-motion. Até uma cena de luto da repórter Lois Lane (vivida por Amy Adams) – ela saindo na chuva com dois copos de café para visitar o Memorial do Superman e fazer um agrado a um policial – parece uma peça publicitária. O suprassumo já estava presente no filme de 2017, mas foi estendido pelo diretor em 2021. É a sequência em que Aquaman sai de um bar levando na mão uma garrafa de uísque que é bebida no guti-guti antes de ele desaparecer no turbulento mar. Não seria estranho se virasse uma propaganda da própria bebida, de um perfume masculino, de uma academia de musculação, de um estúdio de tatuagem, de um xampu para cabelos frondosos como os do ator Jason Momoa.

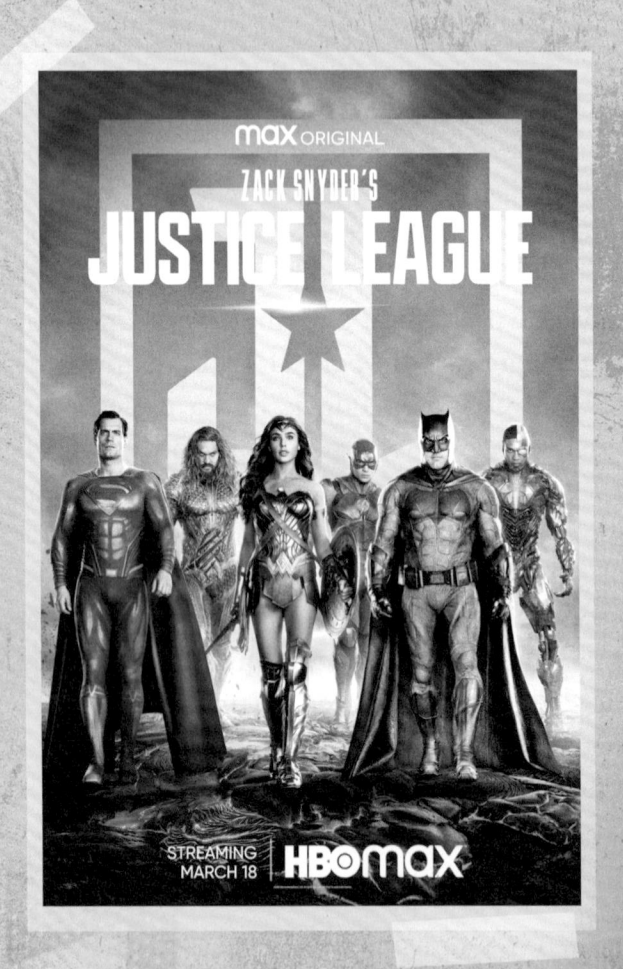

CENA 9

**LEGO BATMAN:
O FILME**
(2017)

DATA	: CENA	TOMADA

A sátira da solidão.

Lego Batman: O Filme (2017)

No livro A Cruzada Mascarada: Batman e o Nascimento da Cultura Nerd, o crítico Glen Weldon observa que o personagem cumpre, repetidamente, um ciclo das trevas à luz. Nasceu solitário, com arma em punho e mortífero, depois recebeu a colorida e divertida companhia de Robin, o Menino-Prodígio, e mais adiante, na pele de Adam West, virou o Cruzado Debochado. Aí, um grupo de fãs ardorosos se revoltou e exigiu o retorno do Homem-Morcego a suas raízes violentas. A versão sinistra imperou nos quadrinhos dos anos 1970 e 1980 e começou a ser diluída nos filmes de Tim Burton, que fez uma abordagem meio gótica, meio bizarra, mesclando os aspectos lúgubres de Gotham City com um tom humorístico na caracterização dos vilões. Aí veio o carnaval de Joel Schumacher, que pregava: "São comic books, não tragic books". Na curva seguinte, Christopher Nolan empregou o realismo, e Zack Snyder, o brutalismo. Havia chegado a hora de sacudir novamente as sombras.

Após roubar a cena na animação Uma Aventura Lego (2014), o outrora Cavaleiro das Trevas ganhou um longa-metragem para chamar de seu: Lego Batman: O Filme (2017). A tarefa coube aos roteiristas Seth Graeme-Smith (coautor dos satíricos Sombras da Noite e Orgulho e Preconceito e Zumbis), Chris McKenna e Erik Sommers (dupla que vinha do desenho American Dad! e da série Community e depois trabalharia nos filmes do Homem-Aranha), com direção de Chris McKay, realizador de 59 episódios do seriado animado Frango Robô.

Como as referências sugerem, Lego Batman aposta na zombaria desde antes de surgir a primeira cena. Sobre a tela ainda preta, o ator e comediante Will Arnett (indicado ao Emmy pelas séries Arrested Development, 30 Rock e BoJack Horseman), que dubla Batman e Bruce Wayne com uma voz grave e rascada, começa a entoar um monólgo, no qual vai comentando em tempo real os créditos de abertura:

"Preto. Todos os filmes importantes começam com uma tela preta. E música. Música tensa e sinistra que deixa pais e executivos dos estúdios nervosos. E logos demorados e muito dramáticos. Warner Bros. Por que não Warner Brothers? DC. A casa que Batman construiu. É, Superman, pode vir, mano. Eu sou sua kryptonita" (e esse Batman se acha mesmo capaz de derrotar o Homem de Aço no corpo a corpo, afinal, não tem oito, mas nove gominhos na sua barriga sarada).

A metalinguagem é a grande praia da Gotham City de Lego Batman. Haverá uma porção de citações à mitologia do personagem, desde os aspectos clássicos até os obscuros (vide a lista de vilões que só os mais fanáticos devem conhecer, como o Homem-Zebra ou o Rei dos Condimentos), sem deixar de lado os controversos. A certa altura, a comissária Barbara Gordon (voz de Rosario Dawson), ao conhecer Dick Grayson/Robin (Michael Cera), o garoto órfão adotado por Bruce Wayne, pergunta ao protagonista:

– Este é seu filho?

– Não – Batman responde rapidamente.

– É pior se não for seu filho – retruca Barbara, constrangendo seu interlocutor mascarado.

Mas Lego Batman não se constrói somente em cima do deboche (um outro alvo que rende boas piadas é a condição de bilionário do protagonista). Tampouco se contenta em desconstruir o personagem. Na verdade, apesar de ser uma comédia de animação estrelada por bonecos, uma combinação de gênero e formato que por si só inibe cobranças acerca de fidelidade, o filme de Chris McKay exerce um olhar acurado para as questões do isolamento e da solidão aos quais o protagonista se submete.

Por conta de seu temperamento fechado, Batman sequer é convidado para a festa anual da Liga da Justiça. Quando alguém vai demonstrar afeto ou gratidão com um abraço, o Homem-Morcego se desvencilha aplicando um golpe de artes marciais. E até seu arqui-inimigo, o Coringa, se queixa da falta de sentimentos do Cavaleiro das Trevas.

A certa altura, o personagem vai justificar seu afastamento e sua rispidez emocional, absolutamente ligados à tragédia que o define:

– Eu tive medo. Medo de sentir a dor que se sente quando se perde alguém próximo de você.

CENA 10

BATMAN
(2022)

DATA : CENA TOMADA

Matt Reeves, Robert Pattinson,
noir, terror e esperança.

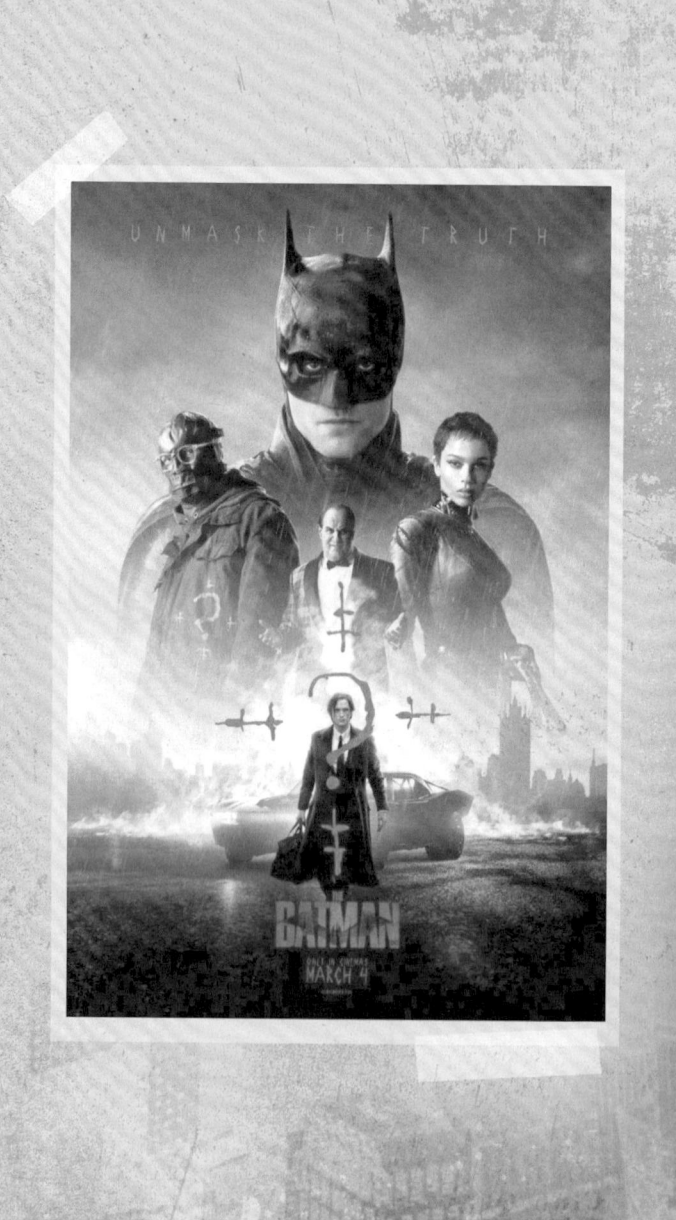

BATMAN (2022)

The Batman. Desprezado pelo estúdio Warner nos cinemas brasileiros, o artigo definido adotado no título em inglês empresta ambição ao filme dirigido por Matt Reeves e protagonizado por Robert Pattinson.

Este seria "O" Batman, o legítimo, o definitivo, o único, quem sabe o melhor?

Bem, único já sabemos que não é.

O que o novo Batman poderia acrescentar às encarnações cinematográficas do super-herói? Como Robert Pattinson se diferenciaria de seus predecessores? No que a visão de Matt Reeves seria distinta?

E vale mesmo a pena encarar quase três horas (são 175 minutos) de duração?

O interesse pelas respostas a essas perguntas não foi tão grande quanto a Warner deve ter imaginado. Batman faturou mundialmente US$ 700,9 milhões, fechando 2022 na sétima posição do ranking das maiores bilheterias, atrás de dois filmes da Marvel: Doutor Estranho no Multiverso da Loucura, quarto colocado, com US$ 955,7 milhões, e Pantera Negra: Wakanda para Sempre, sexto, com US$ 859,2 milhões.

Também ficou para trás no ranking dos batfilmes: O Cavaleiro das Trevas Ressurge (2012) fez US$ 1,08 bilhão, O Cavaleiro das Trevas (2008), US$ 1 bilhão, e Batman Vs Superman (2016), US$ 873,6 milhões.

O estúdio jogou contra: mal havia lançado Batman nos cinemas, no comecinho de março de 2022, quando já anunciou a data de estreia no streaming, com um intervalo extremamente curto, menos de 50 dias. Para efeito de comparação, demorou sete meses entre o lançamento cinematográfico e a chegada às plataformas de Top Gun: Maverick, o vice-campeão de arrecadação da temporada, com quase US$ 1,5 bilhão.

Este Batman de 2022 pode não ser o melhor, nem o legítimo, nem o definitivo. Mas certamente é diferente de todos os que vieram antes.

Diretor de Cloverfield: Monstro (2008), de Deixe-me Entrar (2010) e de dois segmentos da mais recente franquia de Planeta dos Macacos – O Confronto (2014) e A Guerra (2017) –, Matt Reeves escreveu o filme com Peter Craig, um dos roteiristas dos policiais Atração Perigosa (2010), Herança de Sangue (2016) e Bad Boys para Sempre (2020). A mistura de influências e experiências resulta em um Batman que transita entre o terror, o noir dos anos de 1940, o filme de serial killer (em especial Seven e Zodíaco, ambos de David Fincher), o thriller político e até a dinâmica das duplas formadas por tiras de estilos divergentes. São caminhos pouco ou nunca trilhados pelos cineastas anteriores.

O novo clima fica patente desde a sinistra sequência de abertura. Ao som de uma respiração ofegante e de uma música do compositor Michael Giacchino (vencedor do Oscar por Up: Altas Aventuras e do Emmy por Lost) com trechos da oração Ave Maria, nos tornamos cúmplices do ataque de um vilão encapuzado – trata-se de uma versão nada cômica do Charada, desta vez com uma voz macabra (que, é preciso dizer, remete à do Bane de Tom

Hardy em O Cavaleiro das Trevas Ressurge), uma motivação trágica (encorpando o contexto social do filme) e uma conexão com ameaças reais do mundo virtual (enunciá-las seria antecipar uma virada na trama para quem não assistiu). A interpretação é do sempre intenso Paul Dano, de Sangue Negro (2007) e Os Suspeitos (2013).

O alvo é o prefeito de Gotham City, que foi eleito graças à prisão do gângster Sal Maroni (criado nos primórdios dos batquadrinhos, em 1942) e concorre a mais um mandato, agora contra uma jovem candidata negra, Bella Reál. As notícias na TV dão conta de que a disputa está acirrada e de que a cidade está erodida por uma nova droga, a gota. Não acompanhamos o homicídio do alcaide em toda a sua brutalidade, depois evidenciada por detalhes como um polegar decepado quando a vítima ainda estava viva. Em um cartão do tipo presente, o criminoso deixa um enigma endereçado diretamente ao Batman: o que um mentiroso faz quando morre?

Entrementes, aparece pela primeira vez em cena o Batman de Robert Pattinson, ator que foi dirigido por Christopher Nolan em Tenet (2020) e que agora estreia no universo dos super-heróis, após se destacar em produções independentes como Bom Comportamento (2017) e O Farol (2019). Apesar de ser um recomeço no cinema, o roteiro poupa o espectador de, mais uma vez, assistir às clássicas cenas de origem – os morcegos na caverna, o assassinato dos pais etc. Bruce Wayne já está há dois anos empenhado em uma vingança contra todos os bandidos, amparado pelo mordomo Alfred (Andy Serkis, o chimpanzé César de Planeta dos Macacos, aqui de corpo inteiro) – que alerta o patrão de suas obrigações como herdeiro bilionário. O diálogo é suficiente e eficiente para centrar o foco na vida secreta de Bruce. Ou, na verdade, na sua vida real – derivada de seu trauma, Batman é uma sombra tão grande que anula Wayne.

Por mais que Pattinson malhasse, o jovem vampiro da saga Crepúsculo (2008-2012) jamais atingiria a compleição física associada ao Homem-Morcego – daí que o novo uniforme tem o nítido aspecto de armadura, a mais realista possível. A sua imposição se dá por outros recursos. O personagem é um animal noturno e furtivo – um policial vai chamá-lo de "criatura esquisita". Quando sai das sombras, revelando um tantinho da pele alva do ator, é quase como se fosse um monstro dos títulos de horror. A trilha de Giacchino evoca o gênero, e a sonoplastia torna aterrorizantes os passos de suas botas. A ação é rápida, sem papo.

Mas este é um Batman que até fala bastante – sozinho. A narração em off é um dos elementos importados dos filmes noir. Também teremos autoridades corruptas, que mantêm ligações com o mafioso Carmine Falcone (nascido na HQ Ano Um, de 1987, escrita por Frank Miller e com arte de David Mazzucchelli), papel de John Turturro, e com Oswald Cobblepot, o Pinguim, gerente de uma boate chamada Iceberg que, como sugere o nome, esconde um clube secreto. Esse vilão é interpretado por Colin Farrell, irreconhecível debaixo de tanta maquiagem, uma das três categorias técnicas em que Batman competiu no Oscar – as outras foram som e efeitos visuais.

Como também é típico no noir, a corrupção impera na política e na polícia. Um dos únicos tiras decentes é o tenente James Gordon (Jeffrey Wright), aliado de Batman. Também teremos uma espécie de femme fatale, a Selina Kyle/Mulher-Gato encarnada por Zoë Kravitz (de Kimi: Alguém Está Escutando), que injeta sensualidade rara nas aventuras de super-herói. E também teremos uma cidade castigada pela chuva e em constante escuridão.

A propósito, Matt Reeves, o diretor de fotografia Greig Fraser (vencedor do Oscar por Duna e indicado por Lion) e o designer de produção James

Chinlund (parceiro do cineasta na franquia Planeta dos Macacos) fizeram escolhas estéticas arriscadas, mas fundamentais em uma obra que preza a ambientação e a autenticidade. A primeira decisão acertada foi eliminar a sofisticação da batcaverna – sim, há computadores e equipamentos de vídeo, mas o lugar é apenas uma estação de metrô convertida em esconderijo do herói. Na mesma linha, as motocicletas de última geração dos longas anteriores são substituídas por um veículo simples, e os vistosos batmóveis dão vez a uma caranga envenenada que, segundo Reeves, foi inspirada por Christine, o carro assassino inventado pelo escritor Stephen King em 1983.

Fora as explosões detonadas pelo acelerador (o motor é aparente), pouco vemos desse automóvel, porque Batman é um filme epidérmico – os planos dificilmente são abertos, a câmera está sempre próxima da ação – e é um filme assumidamente nebuloso. Além da chuva, sombras e fumaça são frequentes, e quase toda a história se passa à noite ou em ambientes fechados. Há cenas em que a iluminação tem alcance limitado, e de vez em quando Greig Fraser reduz a profundidade de campo ou desfoca levemente as imagens. É a tradução visual da opressão e dos perigos de Gotham.

Mais do que um contraste com a musculatura de Christian Bale na trilogia de Christopher Nolan, a palidez, o caminhar encurvado e o tom deprê do Bruce Wayne interpretado por Pattinson (realçado pela presença de Something in the Way, do Nirvana, na trilha sonora) refletem tanto sua psique quanto essa cidade em que, como diz Carmine Falcone, "todo mundo tem roupa suja". O ator foi uma escolha perfeita para a abordagem proposta por Matt Reeves. Nela, o trauma de infância e a sede de vingança que deram origem ao Batman são sombras tão pesadas que anulam a existência de Bruce Wayne. E este novo Cavaleiro das Trevas também se permite sentir medo – vide a espetacular sequência em um arranha-céu.

Porém, apesar de todas as virtudes entusiasmantes, existe um ponto em que o Batman de Matt Reeves e Robert Pattinson não consegue se distanciar dos anteriores – ou mesmo dos demais filmes de super-herói. O clímax inclui o típico evento apocalíptico, um tanto deslocado em uma narrativa que, até então, vinha em uma pegada mais intimista. Já a lufada de esperança – apesar de coerente com a concepção do personagem: ele acredita que pode mudar o mundo, ele é a encarnação viva da ideia de que o crime pode ser derrotado – soa menos como uma transformação genuína do protagonista do que como uma demanda comercial, tendo em vista que este é um reinício de jornada. E, por ser o primeiro de uma nova trilogia (Pattinson, 37 anos completados em maio de 2023, já tinha declarado essa intenção, e a Warner já marcou para outubro de 2025 a estreia do segundo filme), Batman, nas características cenas pós-créditos do gênero, acaba acenando para o retorno inevitável de um vilão.

CENA II

THE FLASH
(2023)

DATA	: CENA	TOMADA

Andy Muschietti,
Michael Keaton,
homenagem e nostalgia.

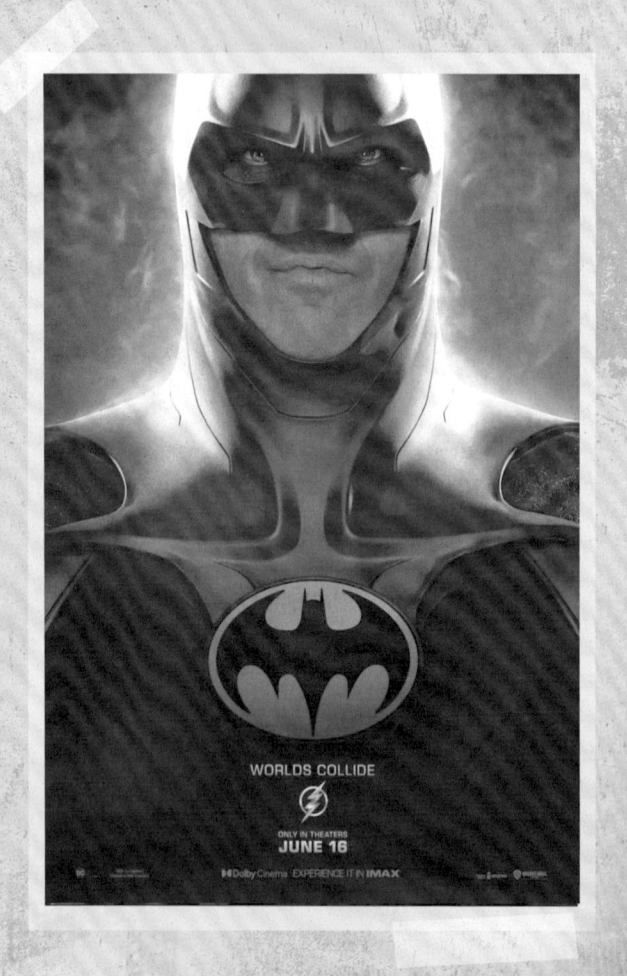

WORLDS COLLIDE

ONLY IN THEATERS
JUNE 16

Dolby Cinema EXPERIENCE IT IN IMAX

The Flash (2023)

O título engana: The Flash (2023) é menos um filme solo do super-herói mais veloz do mundo do que uma celebração do super-herói mais volátil do mundo: o Batman.

O Homem-Morcego não é mutante, mas está sempre mudando. Se, como mostra o fascinante Homem-Aranha: Através do Aranhaverso (2023), qualquer um pode ser o Aracnídeo – Peter Parker, Miles Morales, um rapaz indiano, um jovem punk, um cara de 2099 –, o Batman pode ser qualquer um: vigilante violento, personagem cômico, herói perturbado, líder inspirador, detetive minucioso, espião internacional, mestre do combate corpo a corpo, gênio das engenhocas, símbolo de esperança, sociopata fascista...

Várias de suas facetas – incluindo suas encarnações cinematográficas ou televisivas – estão presentes em The Flash, que foi escrito pela britânica de ascendência taiwanesa Christina Hodson, roteirista de Arlequina: Aves de Rapina (2020), e pelo inglês Joby Harold, showrunner da série Obi-Wan Kenobi (2022). A direção coube ao argentino Andy Muschietti, egresso dos filmes de terror Mama (2013), It: A Coisa (2017) e It: Capítulo Dois (2019).

Apesar desse currículo, Muschietti jamais esquece que está filmando uma aventura de super-herói, repleta de cenas de ação embaladas por música pop e finalizadas com uma piada. Mais do que isso: o cineasta entende que está adaptando uma história em quadrinhos, onde o limite visual reside apenas na imaginação e no talento do autor. No cinema do gênero, que depende dos avanços tecnológicos e dos recursos orçamentários, há uma preocupação constante para que os efeitos visuais em computação gráfica (CGI) criem a ilusão do real, para evitar a perda de uma suposta verossimilhança em obras de nítida fantasia (a começar pelo uniforme dos personagens). Daí alguns truques recorrentes, como a ambientação noturna, que esconde melhor eventuais precariedades. O diretor de The Flash abre mão desse realismo de fachada, se expondo ao sol durante grande parte da trama, abraçando o exagerado e o farsesco e aproximando a tela cinematográfica das páginas de um gibi.

O risco é claro: em determinadas cenas, tudo parece falso em demasia. Mas a recompensa também é clara: de que outro modo seria possível conceber a sequência de abertura, na qual Flash – que, ironicamente, está sempre atrasado na sua identidade secreta, Barry Allen – precisa evitar que uma chuva de bebês digitais se espatife no chão quando um hospital começa a desabar? Não bastasse a iminente morte pela queda, as crianças ainda ficam expostas a perigos como gotas de ácido e lâminas de bisturis. Esse show de CGI é produzido em extremíssima câmera lenta, e no meio do caminho o personagem interpretado por Ezra Miller ainda encontra tempo para comer uns lanchinhos fundamentais para seu metabolismo acelerado.

Aliás, precisamos falar sobre Ezra. Premiado por Precisamos Falar Sobre o Kevin (2011) e As Vantagens de Ser Invisível (2012), o ator estadunidense nascido em 1992 que se identifica como uma pessoa não-binária ganhou recentemente muita visibilidade

– negativa. As polêmicas começaram em 2020, com um vídeo onde aparecia (aparentemente) sufocando uma mulher em um bar na Islândia. Em 2022, foi acusado de roubo em Vermont e foi preso duas vezes no Havaí, uma por conduta desordeira e outra por assédio. Também há relatos de que estaria abrigando uma família em uma fazenda cheia de armas de fogo e de que teria desenvolvido um culto a si mesmo, um "Jesus Cristo reencarnado". Ainda no ano passado, declarou que havia começado um tratamento contínuo por estar "sofrendo problemas complexos de saúde mental". Por causa disso tudo, Ezra Miller ficou afastado da divulgação de The Flash até fazer sua primeira aparição pública na pré-estreia de 12 de junho em Los Angeles, e chegou a ser dada como certa sua demissão pela DC e pela Warner.

Bem, méritos não faltam no seu desempenho em The Flash. Miller consegue ser ora engraçado, ora dramático, ora herói de ação. E faz isso em dose dupla, distinguindo muito bem as suas duas personalidades. Que não são as que você pode estar pensando, Barry Allen e Flash, mas Barry Allen e Barry Allen: de um lado, o sujeito que acabou se tornando um super-herói pela combinação de um acidente eletroquímico com a obstinação de inocentar o pai, que está preso, e encontrar o verdadeiro assassino da mãe; do outro, o jovem que não virou órfão nem ganhou superpoderes.

Esse encontro acontece por que o protagonista decide usar sua supervelocidade para viajar no tempo e mudar os eventos do passado. Seu objetivo é impedir o assassinato de sua mãe (papel da espanhola Maribel Verdú), mas, como toda ficção científica alerta, ocorre um efeito borboleta, alterando drasticamente o futuro – na verdade, as linhas temporais como um todo. Agora, o Barry com poderes e o Barry sem poderes precisam encontrar um meio de deter o general Zod (Michael Shannon), que, como visto no filme O Homem de Aço (2013), quer destruir a Terra para fazer Krypton reviver.

A solução seria reunir a Liga da Justiça. O problema é que, nessa realidade, a nave com o menino Kal-El nunca pousou no Kansas, nem se tem notícias de uma princesa amazona, por exemplo. (E, numa boa piada metalinguística, quem interpretou Marty McFly na clássica comédia dos anos 1980 De Volta para o Futuro foi o ator Eric Stoltz, e não Michael J. Fox, que, por sua vez, estrelou Footloose.) Não existe Flash, não existe Superman, não existe Mulher-Maravilha, não existe nenhum dos chamados meta-humanos.

Mas o Batman existe.

Mas o Batman existe!

Essa escolha narrativa é um tremendo reconhecimento do tamanho que o Cavaleiro das Trevas adquiriu na cultura pop ao longo de seus quase 85 anos de vida, a serem completados em 2024. Só que o Homem-Morcego que os dois Barrys reencontram não é aquele brucutu encarnado por Ben Affleck desde Batman Vs Superman (2016) e que aparece no começo de The Flash. Em outra jogada metalinguística, o Bruce Wayne da vez é Michael Keaton, o ator de Batman (1989) e Batman: O Retorno (1992), filmes relembrados também no traje todo preto, na cenografia da Batcaverna e na trilha sonora, que recupera o icônico tema composto por Danny Elfman.

O recurso não é novo: Homem-Aranha: sem Volta para Casa (2021) juntou Tom Holland a Tobey Maguire (o Aracnídeo da trilogia de Sam Raimi) a Andrew Garfield (dos filmes de Mark Webb). Mas The Flash mergulha mais fundo no multiverso da DC – há homenagens ao Batman vivido por Adam West na série de TV dos anos 1960 e ao Superman interpretado por Christopher Reeve entre 1978 e 1987 – e vai além: oferece a nostalgia do que nunca se viu. Uma ceninha que resgata um projeto cancelado no final da década de 1990, Superman Lives, no qual, sob direção de Tim Burton, Nicolas Cage seria o Homem de Aço.

Keaton, mais de 30 anos depois, enfim está à vontade na pele de Bruce e debaixo do uniforme, graças aos evidentes avanços no trabalho dos figurinistas. Sua atuação abrange muitas das personas do Batman: o herói amargurado (e agora aposentado), o artista dos duelos corporais, o gênio da tecnologia, o líder altruísta, o exímio cientista – é ele que, numa conversa com os Barrys sobre paradoxos temporais e loops casuais, vai explicar sobre as intersecções inevitáveis e o tal de fulcro. Também é o Homem-Morcego, ele também um órfão que passou a vida combatendo o crime na vã esperança de que isso fosse trazer seus pais de volta, que vai fazer o Barry oficial refletir sobre como não somos feitos só de acertos, mas de erros também: "As cicatrizes que temos fazem de nós quem somos". Seu Cavaleiro das Trevas se permite até ser zombeteiro, vide as alfinetadas no Superman. E cabe a Batman a última piada do filme, quando Barry Allen se vê diante de um homem e um segredo.

BATMAN NAS BILHETERIAS (*)

No total, o personagem já arrecadou pelo menos US$ 6,62 bilhões

1º) Batman: O Cavaleiro das Trevas Ressurge (2012): US$ 1,08 bilhão

2º) Batman: O Cavaleiro das Trevas (2008): US$ 1,06 bilhão

3º) Batman Vs Superman: A Origem da Justiça (2016): US$ 836,6 milhões

4º) Batman (2022): US$ 770,9 milhões

5º) Liga da Justiça (2017): US$ 657,9 milhões (**)

7º) Batman (1989): US$ 411,5 milhões

8º) Batman Begins (2005): US$ 373,6 milhões

9º) Batman Eternamente (1995): US$ 336,5 milhões

10º) Lego Batman: O Filme (2017): US$ 311,9 milhões

11º) The Flash (2023): US$ 267,3 milhões (***)

12º) Batman: O Retorno (1992): US$ 266,9 milhões

13º) Batman & Robin (1997): US$ 238,2 milhões

14º) Batman: Máscara do Fantasma (1993): US$ 5,6 milhões

15º) Batman: A Piada Mortal (2016): US$ 4,4 milhões

16º) Batman: O Homem-Morcego (1966): US$ 3,9 milhões

(*) Sem os números das cinesséries da década de 1940.
(**) Liga da Justiça de Zack Snyder foi lançado apenas no streaming.
(***) Com os dados disponíveis até 18/7/2023.

BATMAN NO OSCAR
Foram 18 indicações até agora, com três vitórias

Batman (1989): ganhou em direção de arte (Anton Furst e Peter Young).

Batman: O Retorno (1992): indicado em melhor maquiagem e melhores efeitos visuais.

Batman Eternamente (1995): indicado em melhor fotografia (Stephen Goldblatt), som e efeitos visuais.

Batman Begins (2005): indicado em melhor fotografia (Wally Pfister).

Batman: O Cavaleiro das Trevas (2008): ganhou em ator coadjuvante (Heath Ledger) e edição de som. Foi indicado em melhor fotografia (Wally Pfister), edição (Lee Smith), direção de arte (Nathan Crowley e Peter Lando), maquiagem, mixagem de som e efeitos visuais.

Batman (2022): indicado em melhor maquiagem e cabelos, som e efeitos visuais.

Capa e projeto gráfico: Marco Cena
Revisão e Produção editorial: Maitê Cena e Bruna Dali
Assessoramento gráfico: André Luis Alt

Dados Internacionais de Catalogação na Publicação (CIP)

O83m   Osório, Ticiano
        O morcego e a luz : 80 anos de Batman no cinema. /
        Ticiano Osório. – Porto Alegre: BesouroBox, 2023.
        136 p. ; 14 x 21 cm

        ISBN: 978-85-5527-126-7

            1. Cinema - personagem. 2. Cinema – análise crítica.
        3. Batman - história. I. Título.

                                    CDU 791(091)BATMAN

        Bibliotecária responsável Kátia Rosi Possobon CRB10/1782

Todos os direitos desta edição reservados à
Edições BesouroBox Ltda.
Rua Brito Peixoto, 224 - CEP: 91030-400
Passo D'Areia - Porto Alegre - RS
Fone: (51) 3337.5620
www.besourobox.com.br

Impresso no Brasil
Agosto de 2023.